JN307797

関東軍

在満陸軍の独走

島田俊彦

講談社学術文庫

原本まえがき

〝戦中派〟以前の人びとには、関東軍について〝独走するもの〟というイメージがある。たとえば、一つの組織体のなかのあるセクションが周囲の意向を無視して独走した場合「ああ、あれはウチの関東軍だ」と批判されることが今でもある。そのことは日本ばかりでなく、関東軍にさんざん痛めつけられた過去をもつ中国でも、関東軍をこれと同じ比喩に用いることがあると聞いた。また先年アルジェリアの独立問題に関連して、フランスの右翼軍人やコロンが起した反ドゴールの反乱や、彼らの秘密軍事組織（ＯＡＳ）の暗殺行動を、かつての関東軍の振舞いと対比することも行なわれた。

そのようにかなりのイメージに富む関東軍なのだが、その実態については意外に知られていない。それが今回私が防衛庁戦史室その他の多数の資料にもとづいて、関東軍の歴史的指標と認められる大事件を中心に、この軍隊の歴史と独走の実態を実証的に画き出そうとした最大の動機なのである。

関東軍の「関東」というのは、中国の山海関《さんかいかん》以東一帯――つまり奉天《ほうてん》・吉林《きつりん》・黒竜《こくりゅう》江《こう》三省に対する名称である。いい換えればこれは満州の別称だと心得て、まず間違いはないのである。ところで、かなり広範囲な地域に対するこの名称を、そのほんの一部分にしか当らない遼東《りょうとう》半島の先端に用いて、これを「関東州」と名づけたのは、一八九八年以来ここを中国から租借《そしゃく》していたロシアだった。日本は一九〇五年、日露戦争の結果として、この租借権をロシアから譲られると同時に、中国側の抗議を退けて、このいささか誇張的な呼び名をそのまま踏襲した。そしてやがてはこの租借地に根拠をおく、駐劄《ちゅうさつ》一個師団、独立守備隊六個大隊、計約一万の兵力をもつ日本軍にも「関東軍」という名を与えたのである。

関東軍は終始一貫ロシア（ソ連）を仮想敵とする〝北向きの軍隊〟であり、それがこの軍隊の基本的性格を形成した。日露戦争後、日本はむしろ北方の脅威から次第に解放されていき、一方関東軍の鼻先では、辛亥《しんがい》革命（一九一一年）が発生し、それから蔣介石《しょうかいせき》の北伐《ほくばつ》完成（一九二八年）までは、内戦に次ぐ内戦の混乱があった。それをみて関東軍はここぞとばかり中国の内戦に干渉し、それを通じてかねてからの満蒙《まんもう》進出の夢を実現しようと計った。満州事変の結果として彼らが作った満州国（一九三二年建国）は、そうした意味での唯一で最大の成果であった。そしてこのような〝北の守り〟を忘れたような行動も、実は満州を手に入れて、ソ連に対する備えを固めることが、その窮極《きゆうきよく》の目的だったのである。またこの行動に伴う関東軍の〝謀略〟も、この軍隊を特徴づけるものであった。

一九三六年、関東軍は本来の〝北の守り〟に立ち帰った。それは満州建国以後、関東軍がこの国の軍権を握り、ようやく極東の軍備を固めつつあったソ連軍と直接国境線で向い合うことになったからである。以後「ノモンハン」事件が代表する国境紛争事件、打倒ソ連軍を目ざして行なわれた「関特演《かんとくえん》」という名の大兵集中など、一連の対ソ事件をひき起しつつ、第二次大戦末期になって、ソ連軍の進攻の前に手もなく完敗し、関東軍はその四十年の歴史の幕を閉じた。〝泣く子もだまる関東軍〟は、まさに〝北の守り〟の任務のなかで、永遠の眠りについたのである。

関東軍はその行動のなかで、しばしば日本の中央部にそむいて独走した。だが一口に「独走」といっても、個々の場合によってそれぞれニュアンスの違いがある。それについては本文の各パートのなかで、ある程度の解答が与えられるであろう。

この小著を書くに当って、実に多くの同学の士から有力な示唆や助言を受けた。ページ数の関係で、文献目録は割愛を余儀なくされた。いろいろな意味で特にお世話になったのは、池井優、稲葉正夫、臼井勝美、大山梓、草地貞吾、栗原健、西浦進、原四郎（五十音順）の諸氏であった。ここに特記して改めて厚い感謝の意を表する。
また自由に資料の利用を許された防衛庁戦史室と外務省外交文書室、そして原稿の整理と編集に協力された立教大学助手有賀弘氏の名も私には忘れることができない。

昭和四十年十月

島田俊彦

目次

関東軍

在満陸軍の独走

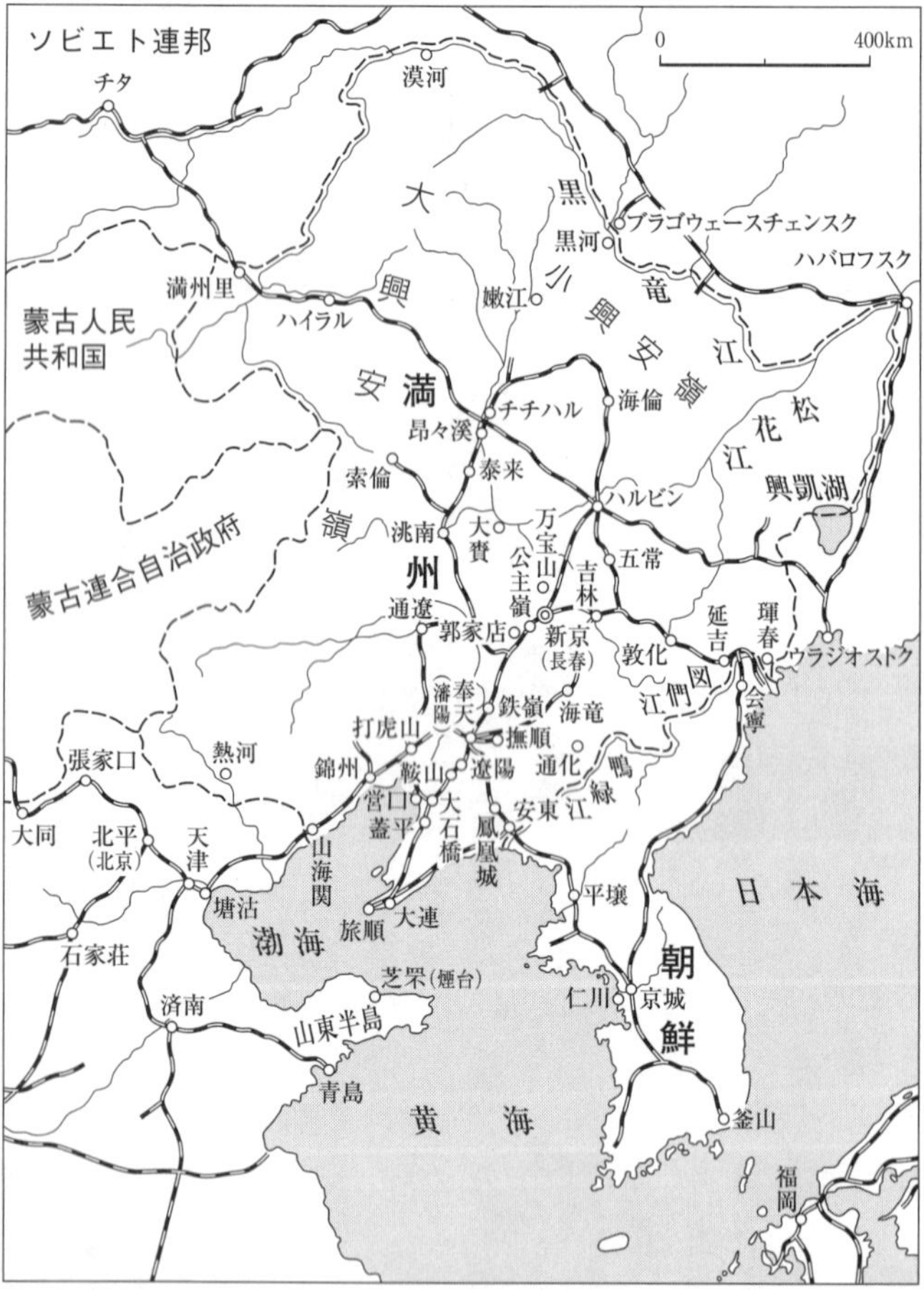
ソビエト連邦
0
400km
チタ
漠河
大
黒
ブラゴウェースチェンスク
黒河
満州里
興
小
興
竜
ハバロフスク
嫩江
蒙古人民
共和国
ハイラル
安
江
安
満
嶺
海倫
チチハル
昂々溪
松
花
江
索倫
泰来
ハルビン
興凱湖
嶺
洮南
大賚
万宝山
蒙古連合自治政府
州
公主嶺
吉林
五常
通遼
郭家店
新京
(長春)
延吉
琿春
敦化
ウラジオストク
奉天
(瀋陽)
鉄嶺
図
們
江
会寧
海竜
打虎山
撫順
熱河
張家口
錦州
鞍山
遼陽
通化
鴨
緑
江
宮口
大石橋
安東
大同
北平
(北京)
天津
蓋平
鳳凰城
山海関
塘沽
平壌
日本海
渤海
旅順
大連
石家荘
朝
鮮
芝罘(煙台)
仁川
京城
済南
山東半島
青島
黄海
釜山
福岡

満州全図

第一章　生いたちと性格

「関東軍」誕生の陣痛

「関東軍」というのは、日露戦争直後から太平洋戦争の終焉《しゅうえん》まで、満州に駐屯《ちゅうとん》し、日本の対中国政策の〝尖兵《せんぺい》〟的役割を演じた植民地軍隊である。だがこの軍隊は、はじめから「関東軍」という名と実態とを持っていたわけではなかった。

明治三十八年（一九〇五年）、日露戦争の結果、日本は、新たに「関東州」と呼ぶ租借地（三四六二・四四五平方キロ）と満鉄付属地（四三〇キロ余にわたる鉄道用地。幅は鉄道線路を中心に約六二メートル）とを手に入れたが、それに対する統治に関しては、驚くほどの無定見ぶりを発揮した。それどころか、日露戦争中、作戦の進展につれ、これらの地域が日本軍の重要な兵站《へいたん》（兵員・武器・弾薬・食糧などを輸送する後方勤務）基地となったときから、すでにその守備と兵站と民政の業務は、まさに混乱と紛糾の連続であった。関東軍は、要するにこのような陣痛とともに、大正八年（一九一九年）に誕生した軍隊であり、その性格を知るには、過去の混乱のなかにいささか立ち入る必要がある。

満州軍の「独立」

明治三十七年（一九〇四年）二月の日露開戦からまもなく、四月に第一軍（黒木為《ため》楨《もと》大将）は朝鮮西海岸の鎮南浦に上陸し、北上して鴨緑江《おうりよくこう》岸にロシア軍を破って、早くも五月はじめには満州に入り、九連城と鳳凰城を奪った。これを手はじめに、各地にロシア軍を破った日本軍は、六月には急速な北進を行ない、ここにいちおう攻守の大勢が定まった。

このような戦局の展開に対応して、六月二十日、天皇は満州軍総司令部の編成を裁可し、参謀総長大山巌《おおやまいわお》元帥を、天皇直隷《ちよくれい》の総司令官に任命した。大山総司令官は、幕僚を率いて満州に進出し、「特に指定せられたる数軍（独立師団）を統督し作戦の指揮に任ず」（満州軍総司令部勤務令）ることになった。満州軍には、内地軍から相対的に独立した地位が与えられることとなったわけである。もっとも最高指揮機関の形態が、ここにゆきつくまでには、実は陸軍中央部のなかに、かなりの対立抗争があった。

対立の中心は、参謀本部と陸軍省だった。参謀本部側の構想は、戦地に陸軍大総督府を設け、大総督に外征陸軍の指揮統督権とともに、将官以下についての人事権も与えようというものだった。一方、陸軍省側はすぐに反撃に出た。「この制度によれば、大本営はその権限のほとんど全部を大総督府にうばわれ……、軍令の系統を転倒するきらいがある」という理由から、参謀本部案の縮小を主張した。要するにこれは、軍令系統に対して軍政系統が示したひとつの抵抗だといえる。この対立は、大山参謀総長が、この際とくに陸軍総督を任命し、臨戦諸軍の指揮権だけをこれに委任されたいと上奏し、天皇から高等司令部（満州軍総司令部）の編成が認められて、いちおう解決をみたのである。

さて戦局の方は、九月に入って遼東半島《りょうとう》全部がほぼ日本軍の掌握下《しょうあくか》におかれた。したがってそれらの地域での兵站線の確保はいっそう困難となり、また拡大された占領地での守備と軍政の確立も焦眉《しょうび》の急務となった。ところが満州軍総司令部は、前線部隊に対してこそ全知全能だが、これを養う後方兵站線には指揮権を持たなかった。そこで大本営《だいほんえい》は、それまでに占領各地に設置されてきた軍政署を統轄し、占領地の守備を行ない、しかも軍政を処理する強力な一機関を創設して、情勢に対処することを考えた。このような発想にもとづいて八月十四日、新たに設けられたのが、天皇直隷の軍司令官（西寛二郎《にしかんじろう》大将）をいただく遼東守備軍だった。この軍隊は、司令部を遼陽《りょうよう》におき、遼陽以南の兵站と守備と軍政を一手に引き受けることになった。

遼東守備軍の兵力六個大隊強は、それが第一線とは無関係の独立守備兵力であった点で、のちの関東軍にやや似ている。だがこれは関東軍の前身とはいえない。なぜならば、遼東守備軍には、関東軍のようなロシアを仮想敵とする〝北向きの軍隊〟という基本的性格はなかったし、精強度からいっても、後備兵《こうびへい》ばかりのこの集団が、〝泣く子もだまる〟とうたわれた関東軍に及びもつかなかったことは当然だ。それにこの軍隊は、まもなく廃止の運命にあったのだから、そこにのちの満州駐屯の日本軍との系譜上のつながりを求めることは無理であろう。

翌明治三十八年五月、遼東守備軍は全廃され、それにかわって満州軍総司令部のなかに同軍総兵站監部をおき、総兵站監（児玉源太郎《こだまげんたろう》大将）の指揮下に関東州民政署を新設して、関東州の民政を行なわせることになった。つまり満州軍総司令部設置のときに、軍令系統が主張し、軍政系統に否定された指揮機関と後方兵站機関の一体化は、ここにようやく実現されたのだ。

関東総督府の誕生

兵站と占領地、ことに関東州に対する日本の行政が、中央部と総司令部との方針の不一致ということもあって、とかく動揺しがちであったとき、作戦の方は苦闘を繰り返しながらも、ともかく日本軍はロシア軍を北満に追いこみ、アメリカの斡旋《あっせん》で、日露両国は講和会議を開き、難航のあげくではあったけれども九月五日にポーツマス条約を結び、日露戦争は終った。

この条約で、日本は満州に関しては、遼東半島南端のいわゆる「関東州」と、長《ちょう》春《しゅん》（寛城子《かんじょうし》）〜旅順《りょじゅん》間の鉄道（後の南満州鉄道＝満鉄。沿線と支線の炭鉱に関する権利を含む）とを、ロシアから譲渡された。また追加約款により、鉄道線保護のため、一キロメートルにつき十五名を越えない範囲での守備兵を置く権利をも得たのである。清国にとっては、自国の領土と領土内の鉄道を、日露両国の間で勝手に取引されたわけである。しかし、日露講和条約では、鉄道と関東州租借権《そしゃくけん》の譲渡について清国政府の承諾が条件だったので、日本は明治三十八年十一月から、清国関係の講和事項についての清国との談判を北京《ペキン》で開始した。その席で清国側は、当然ながら、南満州での日本の新権益をできるだけ削減しようと試みたが、力の相違は是非もなく、十二月二十二日に日本の要求を全面的に盛りこんだ満州善後協約と付属協定（満州に関する日清条約〈北京条約〉）に調印した。この善後協約によって、清国は、ロシアから日本に対して行なわれた南満の権益譲渡を承諾させられた。それは清国代表の袁世凱《えんせいがい》をして「ロシアが煙草を二本持ち去ったのを理由に、日本に一箱全部を持っていかれた」と嘆かせるものであった。

一方、ポーツマス条約が結ばれてから間もなく、九月二十六日には、関東総督府勤務令が制定された。これによる新設の関東総督（天皇直隷）の任務は、指定された軍隊その他の諸機関を統御して関東州の守備を行ない、同時に民政を監督し、経理・衛生・兵站業務を統轄、処理することだった。一言でいえば、総督府は日本の南満州経営を一手に引き受けることになったのである。陸軍大将大島義昌《よしまさ》が総督に就任、本部は遼陽に置かれ、関東総督府の編成が完了した。

関東総督府の苦悩

こうして日露戦後、関東総督の指揮下に満州に駐留することになった二個師団約一万の兵力――これこそ関東軍の前身であった。そもそも日露講和後に日本が当然の権利として満州におくことができた兵力を考えてみると、まず関東州は領土同然の租借地だから、これに対する駐屯兵力に制限はなかった。また講和条約の追加約款により、満鉄沿線には一キロ当り十五名（総計一万四千四百十九名）の守備兵をおくことができた。関東総督に率いられる二個師団の駐劄《ちゅうさつ》は、要するにこの二つの条約上の権利にもとづくものであり、その点はのちの関東軍の場合と変りがない。しかも両軍の間に、明らかな系譜上のつながりがあることから、この軍隊を関東軍のそもそもの前身だと断定してさしつかえないのである。

ところで、新たに誕生した総督府のはたさなければならなかった仕事は、けっして容易なものではなかった。いったい日本は、日露戦争の結果として、満州経営に乗り出すことになったが、それはいわば柄《がら》にもない大荷物をかかえこんだようなもので、その大きさと重さをいささかもてあまし気味だった。まず資金難の問題があった。戦後、政府は関東州経営のために、毎年一般会計から三百五十万円内外の補充金を繰り入れたが、それはけっして十分な金額とはいえなかった。しかも、一文《もん》もロシアからの賠償金の恩恵にあずからなかった日本にとって、それだけでも重過ぎる負担であった。というのは、日露戦争の結果、日本がもった植民地経営のための財政的負担は、合わせて例年歳出の六割にも相当したからである。そうなっては、初期の満鉄経営に見られるような外資導入のほかに植民地経営の方策はなかった。

また当時のアジアをめぐる複雑な国際関係も、日本の満州経営の進路選択を困難にした。ロシアは戦敗の結果、南満州を日本に譲ったが、広大な北満州は相変らずその手の中《うち》にあったので、世界一の陸軍国の面目《めんもく》にかけて、必ず近いうちに日本に再戦をいどむであろうと、日本側は観測した。明治三十九年（一九〇六年）十月、山県有朋《やまがたありとも》は『帝国国防方針』決定の必要を上奏したが、そのなかで彼は、仮想敵国の第一はロシアであり、第二は清国だと述べた。その後決定をみた国防の基本方針においても、海軍の目標とした「八八艦隊」（戦艦八隻、巡洋戦艦八隻とをそれぞれ主力とする二艦隊）が西太平洋の制海権の確立＝対米戦備をめざすものであったのに対し、陸軍の目標とした戦時五十個師団、平時二十五個師団の整備は、やはり仮想敵国をロシアとするものであった。日露講和にもかかわらず、満州駐劄軍は依然として対ロシア向け軍隊の性格を失わなかった。

さらに、日本――ことに軍部が、戦後の満州から欧米商人をしめだした閉鎖主義は、門戸開放を標榜《ひょうぼう》し、戦時中は日本に友好的だったアメリカの世論を冷却させることとなった。この日米の離反は、日露戦争後にヨーロッパで行なわれた国際関係の再編成――つまり英仏露三国の接近という新事実とからみ合って、日本をしだいにこの三国の側に追いやる結果となった。ロシアと同盟関係にあったフランスは、日露戦争が終結すると、日本を利用してドイツの極東進出を抑えようと考え、他方フランスの金融市場の利用を望んだ日本との接近が実現され、明治四十年（一九〇七年）六月の日仏協商となった。この日仏協商の成立は、一方で露仏同盟が存在する関係から、日露接近の呼び水としての役割をはたし、ロシアが満州侵略の路線をバルカン・中近東方面への南下に転換しなければならないという現実の要請もあって、同じ年の七月には、第一回日露協商が実を結んだ。その内容は、両国の南・北満州での勢力範囲の分界線を明確にし、その分界線のなかでの両国の特殊利益をたがいに尊重すること、日本と韓国の特殊関係にロシアが黙認を与えること、ロシアの外蒙における特殊利益を日本が承認することなどを取りきめたものだった。またしても日露両国は、満州および外蒙に主権をもつ清国に対しては一言の挨拶さえしないで、極秘裡に獅子の分けまえを決定したのだ。

これに対して、アメリカは鉄道建設などを主体とする経済協力によって清国と手を結び、満州における権益の拡大をはかろうとした。しかしこの計画は、清朝内部の政変にともない、袁世凱（計画の清国側主体）一派が一時退場を余儀なくされたことで挫折した。そして、日本側の緊張緩和の働きかけもあって、日米間に妥協の空気も生れるようになった。

以上のような資金難と複雑な国際環境のなかで、後進国日本が自分から求めてかかえこんだ満州経営という大荷物は、たしかに過重な負担だった。初期には現地で陸軍が荒っぽい軍政をやったといわれているが、それも、要するに苦境のなかでの彼らのあせりを示すものとみてよかろう。第一回日露協商成立の直後に、日本の閣議は、ロシアがもはやふたたび東方に冒険的活動を試みることはできないとみてとっているのに、陸軍——ことに現地のそれは、ロシアの大勢力を眼前にひかえて、彼らの復讐戦必至の悪夢から容易に解放されなかった。その上、日本の軍政要員の末端や、内地から流れこんだ食いつめものたちの一攫千金《いっかくせんきん》的行動が、いよいよ軍政を悪質化し、日本の国際的評価を低下させた。

伊藤博文の軍政反対

日本の国内には、こうした軍政のありかたに反対のものも、多数存在した。それは韓国統監伊藤博文《ひろぶみ》を筆頭とする非軍人政治家たちが主だった。このような満州統治をめぐる陸軍と政治家グループとの対立が最初に表面化したのは、加藤高明《たかあき》の外相辞任の一件であろう。

加藤が、明治三十九年三月、第一次西園寺《さいおんじ》内閣を去ったのは、陸軍が主張する満州の軍政存続に対して、門戸開放を唱えていれられなかったのが大きな理由であった。加藤の辞任のあと、しばらくは西園寺公望《きんもち》首相が外相を兼摂《けんせつ》し、彼は四月から約一ヵ月間、非公式に満州を視察した。彼の満州視察の主な目的は、そこで行なわれている軍政の実情を認識することだった。他方、西園寺の満州行と入れかわりに、伊藤統監が任地の京城《けいじょう》（今のソウル）から上京してきた。文治派の総帥伊藤のもとには、マクドナルド駐日英大使、袁世凱などから苦情が寄せられていたが、それでなくても関東総督府の『軍政実施要領』などをみて、軍政のもたらす弊害を痛感していた伊藤は、政府・軍部・元老などに軍政撤廃を勧告する決意を秘め、凱旋《がいせん》大観兵式参列を名目として、上京したのである。

そこで五月二十二日に伊藤統監の主唱により、首相官邸で元老、関係大臣、軍部首脳が集まって、「満州問題に関する協議会」が開かれた。その席上で伊藤は、陸軍が満州でとりつつある施策に対する英米側の不信と、清国側の強い不満を指摘、排日運動激化のおそれを警告し、この際軍政署を廃止して清国の人心をやわらげ、同時に将来すくなくとも財政的援助を期待しなければならぬ英米にも大連《だいれん》貿易の利を分つ必要があると説いた。その結果、伊藤らの文治派の主張が、児玉参謀総長らの武断派の強い反対を抑え、関東総督の機関を平時組織に改める

韓国統監伊藤博文

こと、軍政署を順次に廃止することが決定された。そしてそれは同日の閣議決定事項ともなった。その結果、九月一日に総督府が廃止され、かわって関東都《と》督府《とくふ》制がしかれることとなった。都督には大島総督が引き続き任命された。

陸軍と外務の対立

ところが、この都督府制というのが、またまことに複雑怪奇なしろものであった。官制によれば、陸軍大・中将のなかから親任される関東都督は、関東州の管轄・防備、南満での鉄道線路の保護・取締り、満鉄の業務監督を任務とするほか、総督府以来の在満部隊の統率権をもっていた。そして都督は、政務に関しては外務大臣の監督を受け、軍政と軍人・軍属の人事については陸軍大臣、作戦・動員計画については参謀総長、さらに軍隊教育については陸軍教育総監の監督を受けるというこみいりかたであった。

　また満鉄沿線の付属地についても、警察その他の取扱いなど、満鉄側に委任できない事務は、鉄道沿線の重要地点に憲兵隊を配置し、都督府指揮のもとに軍事警察とあわせて処理させる、というのだった。満鉄付属地は清国領土をつらぬく帯状地帯だ。だからこの地帯にまで関東都督府の権限がおよぶことになれば、いきおい直接間接に清国政府や第三国政府と交渉をもつことになる。そこで都督府官制では、都督は外務大臣の特別の委任により清国地方官憲との交渉事項を取り扱うこともされた。ところが何とかして在満領事の権限を強化しようとはかる外務側は、この「特別委任事項」の解釈をめぐって、はげしく都督府側と対立した。この都督府＝陸軍と在満領事＝外務省との対立は、後々までも尾をひき、関東都督府官制問題として、満州統治の実態をいっそう紛糾させることとなった。

従来の関東総督と新設の関東都督とのいちばん大きな違いは、要するに前者が天皇の直隷だったのに対し、後者には外務大臣の指揮を受けなければならない一面があった点だ。しかしすくなくとも清国や第三国の側からすれば、今回の転換は単に命令系統をすりかえたまでのことで、日本の陸軍大・中将である最高権力者が、二個師団の兵力を抱えて、南満州の軍・政両権をにぎって君臨し、相変らずの軍政を行なっているようにみえた。

南満州鉄道

以上のような陸軍と外務省の対立のなかに介在して、満州統治をいっそう複雑化したのは満鉄＝南満州鉄道株式会社の存在だった。満鉄は、日本がポーツマス条約でロ

初代満鉄総裁後藤新平

シアから譲渡された長春（厳密にいえば寛城子）～旅順間の東清鉄道と、そのいっさいの支線の経営に当ることを使命とした。だがこれは単なる一営利会社ではなかった。満鉄は鉄道運輸業のほかに鉱業、ことに撫順《ぶじゅん》と煙台《えんだい》の炭鉱採掘、水運業、電気業、倉庫業などの付帯事業を営むことができ、また鉄道や付帯事業の用地内で土木・教育・衛生等に関する必要な施設を行ない、その経費支弁のために、用地内の住民から手数料その他必要な費用を徴収することもできた。つまり満鉄は付属地に対する、ある程度の行政権と徴税権を与えられていたことになる。

政府は、資本金（総額二億円）の半額出資、社債の元利保証等の援助を行なったが、それだけに政府の満鉄経営に加える監督は厳しかった。また総裁・副総裁は、勅《ちょく》裁《さい》を経て政府が任命することが定款《ていかん》によって決められた。このように見てくれば、もう多言はいらないだろう。満鉄というのは、行政権を含む広範な権限を与えられた半官半民、というよりはむしろ政府自体の経営する国策会社だったのだ。つまり、イギリスの東印度《インド》会社やロシアの東清鉄道会社をパターンとする、日本の大陸侵略方式がここに凝集されたとみることができる。

満鉄の初代総裁には、台湾総督府民政長官としての実績がかわれて、後藤新平《しんぺい》が任命されたが、後藤は満鉄総裁に都督府顧問を兼任させて行政を一元化することを条件にし、さらに大島都督に書簡を送り、都督府顧問が一片の辞令に終らないようダメを押したうえで、総裁就任を受諾した。

満州の三頭政治

しかし満州統治の現実は、後藤の苦慮にもかかわらず少しも一元化されなかった。都督府は駐劄二個師団を率いて関東州の統治を行なうと同時に、満鉄付属地の外交権と警察権について領事館と争った。満鉄は「土木・教育・衛生等に関し、必要なる施設をなすべし」という政府命令は、これに必要な権力――つまり行政権をも同時に与えたのだと解釈して、満鉄付属地の行政権を握った。

こうした都督府・満鉄・領事館による三頭政治の実態は、たまたま時を同じくして出された、大島都督と萩原守一《はぎわらもりいち》奉天総領事の政府への意見書に、象徴的に示されている。大島都督が「現状のままでは、領事は都督の訓令を無視することが多く、関東州外の都督府官憲と領事がにらみ合うことになる」として「組織の弊」を訴えれば、萩原総領事は「対満政策の統一は、外相の都督に対する監督権の確立によって可能である」との見解を述べるというありさまであった。

ただ、満州統治の基本方針をめぐって、こうした混乱がくりかえされている間に、軍制上のひとつの重要な改革が行なわれたことに注目しておく必要がある。つまり明治四十年四月、満鉄は野戦提理部その他の官憲から鉄道の引渡しを受け、業務を開始したが、同時にその保護のため、南満に独立守備隊六個大隊が新設されて、沿線各地に配置され、そのかわり、駐劄師団は一個師団に縮小されたのである。内地管区に本籍をもつ、二年交代制の駐劄師団と、小部隊に分散して満州要地に駐屯し、もっぱら教育訓練を行ないつつ、有事に備える独立守備隊とのコンビは、その後の師団増強、独立守備隊の増減等の変遷にもかかわらず、太平洋戦争に至るまで、かなりの〝妙味〟を発揮することになった。いわばこの〝妙味〟は、オールラウンド・プレーヤーとしての駐劄師団と、満州専用の独立守備隊とのかみあわせが示す、それであった。

さて、このようにして、曲りなりにも南満に居を構えた関東州駐屯軍隊が、その後しばしば見られる政略的な行動に出た最初の例は、中国における辛亥《しんがい》革命の際に求められる。

辛亥革命と陸軍

明治四十四年（一九一一年）、中国ではいわゆる辛亥革命ののろしがあげられた。十月十日の革命党による武昌《ぶしよう》占領を契機として、各地の革命党は「倒満復漢」を旗幟《きし》にいっせいに蹶起《けつき》して清朝から独立し、一ヵ月余で天下の三分の二は革命軍の手に帰した。このような隣国の動乱に対して、日本政府（第二次西園寺内閣）は「日本帝国」の近隣での共和国の発生を防止し、また動乱に乗じて満州での地歩をいっそう固めるとともに、さらに中国本土への進出をはかろうとした。特に陸軍の動きは活発だった。

陸軍は、革命直後から、満蒙における既成事実の積上げをいそいだ。十月十四日に岡市之助《おかいちのすけ》陸軍次官から福島安正《ふくしまやすまさ》参謀次長に対して『清国暴動に関する件』と銘《めい》うつひとつの意見が照会された。それには「……長江沿岸は利害錯綜《さくそう》せるが故に、情況の発展は該地方に協同出兵を必要とするに至るやも計られずと存ぜられ候。殊に注意すべきは変難の北清に波及するの時にして、この場合に於て我国は一方に満州の鉄道保護を名として単独該方面の守備を堅実にし、他方に北清への協同出兵を為すの手段を採るの覚悟も当然のことと存じ候。抑々《そもそも》北清方面及び長江方面の協同出兵に際しては、爾後《じご》の為列強に先んじ、白河口、揚子江《ようすこう》口に有利の根拠を専有することは必要にして、過去の経験に徴するに我国はかかる場合、常に列強の背後に立ちて機宜《きぎ》を失するやの感これあり候につき、事変を予期し、海軍力を主要地点に配置し、之をして応急まず事に当らしめ、以て機先を制するの手段を講ずること必要と存ぜられ候。……」

とあり、満州、華中、華北に積極的に出兵する意図のあることを示していた。

それかあらぬか、翌十一月には主として京奉鉄道（北京〜奉天《ほうてん》〈今の瀋陽《しんよう》〉）守備という名目で、第三師団から歩兵一大隊を抜き出して北清派遣隊を編成し、これを内地から華北に送って清国駐屯軍（のちの支那駐屯軍）司令官の指揮下に入れた。また十二月には、第十八師団から歩兵二個中隊・機関銃一隊編成の中清派遣隊が漢口《かんこう》に送られた。だが、これらの派遣兵力はいずれも小規模のもので、陸軍の「積極的出兵の意図」を実現するものではなかった。

陸軍側では明治四十四年十一月、華北に第三師団、満州に第十二師団を派遣することを計画し、これに対する政府の態度があいまいなのをみると、ロシアに対し、秩序維持の責任上、一時満州に増兵するかもしれないと通告し、とりあえず第十二師団の満州派遣を強行しようと企てた。

一方満州では、翌明治四十五年（一九一二年）二月三日午前五時、山海関《さんかいかん》北方十数

マイルの京奉線鉄橋が爆破されていたため、北京発の急行列車がそこで転覆《てんぷく》し、百五十名近い死傷者を出すという事件が起った。中国や第三国ばかりでなく、日本の小幡《おばた》酉吉《ゆうきち》天津《てんしん》総領事さえ、これを日本陸軍が満州増兵の口実を得るために行なった謀略ではないかと疑った。

今日これについての黒白を決定する確証はないが、すくなくとも日本陸軍がもっとも疑われる立場にあったことは確かだ。事件の起った山海関付近は、列国の協定により日本軍が警備保全の責任を負っており、同日日本軍が警備についた直後に爆破が起ったのである。仮にこの事件が日本陸軍の謀略だとするならば、辛亥革命を利用して満蒙に強力な楔《くさび》を打ち込もうという陸軍の意図は明らかだったといえよう。しかし結局、陸軍の過激な行動に対する警戒心を政府に抱かせたため、陸軍が計画した二個師団増派は実現しなかった。

失敗した満蒙独立計画

一方満蒙《まんもう》では、辛亥革命の発生を機会として、日本陸軍の一部と、民間の川島浪速《なにわ》（川島芳子の養父）などが連絡をとり、満蒙独立計画（第一次）が進められた。もともと革命前から、日本の軍人・政治家の一部や玄洋社《げんようしゃ》の頭山満《とうやまみつる》をはじめ民間有志者の間には、孫文《そんぶん》旗揚げの際にはこれを援助し、それを機に一挙に大陸に進出しようというさまざまな計画があった。その代表的なものが、川島らの満蒙独立計画であった。〝雄図《ゆうと》〟を抱いて東京外国語学校を中退し、中国に渡った川島浪速は、南北分割論者で、辛亥革命のころには、すでに北京で特殊な地位とひとかどの勢力を持っていた。彼は、清朝が革命勃発後、事態収拾の力がなく、やむなく袁世凱をふたたび登用したのに反対して、まず袁の爆殺をはかったが、失敗した。つづいて彼は、粛親王《しゆくしんのう》（清の太宗《たいそう》の嫡系）を擁して満州で一旗あげ、同時に蒙古《もうこ》でも喀喇沁《カラチン》王（内蒙古カラチン部の王）や巴林《バリン》王（内蒙古五部族の一王）に挙兵させて、一挙に満蒙王国を建設しようと画策した。そしてこの企ては、単に川島など民間人だけのものではなく、当時特命を帯びて北京や内蒙古に派遣されていた高山公通《きみみち》大佐ら陸軍軍人もその一味だった。それればかりか、当時の陸軍中央部が、そもそもの計画の震源地だと考えられるふしがある。

前にも述べたように、当時の陸軍中央部は、満州と華北にそれぞれ一個師団を送って、大陸で既成事実を作りあげようとしていたので、このさい満蒙で独立運動の一波乱が起るのは、まことに望ましかったのだ。明治四十五年一月三十日の岡陸軍次官から星野金吾関東都督府参謀長あての電報のなかに「此際《このさい》特に大局に鑑《かんが》み、満州に多少の紛乱《ふんらん》を醸《かも》すの事端発生することあるも、余り潔癖に失する処置を避くることに注意し……」とあるが、何とその含みのある表現であることか。さらに現地では、関東都督府がこの計画の熱心な支持者だった。

高山、川島らは、二月二日夕刻、粛親王をひそかに北京から脱出させ、旅順につれだした（皮肉にも京奉線爆破事件で遅れて、旅順着は六日となった）。都督府は、川島らとの打合せに従い、親王の宿泊所として民政長官官舎を提供するなど、すこぶる彼を歓待した。機ようやく熟すの感がなくもなかったが、川島らにとっての最大のミスは、外務側の諒解をまったく取りつけていなかったことだ。満州をめぐる陸軍と外務との対立は、ここでも頭をもたげたのである。落合謙太郎《おちあいけんたろう》奉天総領事の報告を受けた政府は、福島参謀次長を通じて、川島らを東京に呼び、内田外相から計画の停止を厳命した。参謀本部も満州での画策に見切りをつけないわけにはいかなかった。

そこで、陸軍＝都督府謀略の焦点は、満州をはなれて東部内蒙古――つまり喀喇沁王・巴林王の周辺にしぼられるようになった。しかし、武器弾薬の輸送隊が、六月八日、タイシャポーで呉俊陞《ごしゆんしよう》麾下《きか》の騎兵隊と衝突し、激戦の結果、日本人十三名、蒙古人九名、中国人三十名の死者を出し、第一次蒙古独立運動はあえなくついえたのである。

最初の武力干渉

辛亥革命の発生は、このほかにも、都督府のもとにおかれた南満に、ひとつの事件を誘発した。明治四十五年のはじめ、革命党は北京方面に進出を企てるとともに、海路山東《さんとう》半島付近にあらわれ、さらに遼東半島に上陸して、満州方面から清朝をくつがえそうというわけで、北伐第一軍を編成して芝罘《チーフー》沖まで北上したのである。

日本の第二艦隊司令長官吉松茂太郎中将は厳重な戒告書を手交し、遼東半島方面に対するいっさいの軍事行動を禁止した。ところが二月二日に革命軍北伐隊約六百名が、遼東半島の尖山口に上陸し、司令部を李家臥竜において募兵《ぼへい》につとめたので、二月上旬には兵千七百、砲二門を持つようになったといわれる。これに対し政府軍は満鉄沿線方面から大挙南下しつつあった。

革命軍が上陸した尖山口付近は、日本の租借地関東州の北側で、条約上中立地帯とされているところであり、そこには日本官憲の同意なしに中国陸軍をいれることができない、と規定されていた。そこで日本政府は、二回にわたって革命軍に条約違反を問責《もんせき》し、二月十三日には、政府軍、革命軍の双方に最後的覚書をつきつけて、中立地帯外への撤退を要求した。同時に威嚇《いかく》の目的で、関東都督麾下の駐劄師団の一部を、中立地帯内の金廠屯と万家嶺と蓋平とに派遣した。これによって政府軍も革命軍もやむなく二十日から二十三日にかけて、中立地帯外と海上に退去した。こうして革命軍は日本軍の干渉により、北方から北京を脅かそうという企図をつぶされた。これは関東軍の前身である駐劄師団が中国内政問題に武力的干渉を行なった最初の例である。

"北向き"の軍隊

辛亥革命の発生によって触発された以上のような満蒙の新情勢は、さらに第三回日露協商を生み出した。このころ、ロシアは北満に対する積極的意図を示していた。そのことはロシアが明治四十五年一月に宣言書を発表して、前年十一月の外蒙独立宣言を支援する態度を明らかにしたことのなかに、もっともいちじるしく認められた。また日本も満蒙に対する意欲的態度を明らかにしていた。そのような情勢は、満蒙における日露の勢力範囲をより明確にする必要を両国に感じさせた。日露の交渉は、明治四十五年一月から開始され、七月八日に妥結し、第三回日露協商として調印された。これにより南・北満州での日露両国の勢力範囲の分界線が全面的に確定され、同時に内蒙古を東経一一六度二七分で東西に二分し、それぞれ東部を日本、西部をロシアの勢力範囲とすることを申し合わせた。こうして日露両国は、第三国の領土内で三度目の秘密協定を結び、それを通じて両者の提携を深めたのである。

もっとも、日露関係のこのような好転にもかかわらず、日本陸軍の対露軍備の整備という要求は変らなかった。たとえば、陸軍の『対清策案』（明治四十三年〈一九一〇年〉十二月）は、清国の利権回収運動に対抗するために、日露の提携が必要だといいながらも、結論的には「我国軍建設の要義は少くも露軍に対し、攻勢作戦を取り得るを以《もつ》て標準とすべきは論を俟《ま》たず」としていた。また、大正元年（一九一二年）十月の上原勇作《うえはらゆうさく》陸相の意見書は、やはり「将来我邦《わがくに》に衝突の危険尤《もつと》も多きものは、依然として露国たらずんばあらず」という理由で、二個師団増設が急務だと主張した。日露接近後の日本陸軍のこのような対露戦備強化論は、海軍の整備とそれにともなう海軍予算の増大に対抗するための道具だと考えられる面が強いが、こういった主張が、満州駐劄軍に〝北向きの軍隊〟としての性格を植えつけていったことも間違いないところであろう。

阿部政務局長の暗殺

大正二年（一九一三年）九月五日の夕刻、外務省政務局長阿部守太郎《もりたろう》は、中国から帰任した伊集院彦吉《いじゆういんひこきち》公使を新橋駅頭に出迎えての帰途、赤坂霊南坂の自宅門前で二人の暴漢に襲われ、翌日死亡した。犯人は逃亡したが、その日の午後、阿部邸に「九月五日夜　憂国男子」という差出人名の斬奸状《ざんかんじょう》が郵送された。それには「……今や我国の外交は局に人を得ず……曾《かつ》て弐拾億の巨財と拾万の同朋が屍山血河悲惨極まる努力に因て漸《よう》やく贏《か》ち得たる満蒙を棄てて顧みざる而耳《のみ》ならず……斯《か》くの如くにして推移する帝国の前途や、岌々乎《きゅうきゅうこ》として真に危殆《きたい》に瀕す。然《しか》るに阿部、伊集院の徒、民論を無視し、帝国をして累卵《るいらん》の危きに置きて顧みる所なく、日夜狭斜《きょうしゃ》の陋巷《ろうこう》に出入して漁色《ぎょしょく》に耽《ふけ》る。……」と書かれていた。

犯人のうち一名は凶行後四日目、中国地図上に端座して切腹するという、はでな最期を遂げた。年齢は十八歳。他の一名は満州に高飛びしようとして、途中で捕えられた。年齢は二十一歳。そして二人の背後で、これをあやつった典型的な中国浪人の一人岩田愛之助がやがて自首して出た。岩田は辛亥革命のときには革命軍に参加して、漢陽の戦いで負傷し、翌年には天津の鎮台《ちんだい》爆破事件に加わって捕えられ、退去処分を受けていた。

かねてから政府の満蒙問題に対する消極的態度と袁世凱援助政策を憤慨していた中国浪人たちが、この事件の発生をみて、だまっているはずはなかった。九月七日、対支同志会は日比谷公園に国民大会を開き、中国出兵勧告を決議しておおいに気勢をあげた。また群衆の一部には、散会後、外務省や外相私邸に押しかける者もあった。

このような騒ぎの原因となった阿部守太郎は、清国在勤四年余の経歴をもち、明治四十五年、第二次西園寺内閣以来、政務局長のポストにあったが、大正二年二月、海軍大将山本権兵衛《ごんべえ》内閣が成立してまもなく、かねてから彼の抱く対華（満蒙）政策についての意見を成文化した。この長文の意見書は、同時に山本内閣の方針とみてよかった。その満蒙問題に関する結論は、日本はあくまでも領土的野心を捨て、平和的方法で利権を伸ばすことを考えなければならないとしていたが、一方対露関係を重視し、満州での外交の統一も主張しているという二点で注目された。

後者について、阿部は「外務大臣に於て関東都督府の監督を厳にし、且満鉄をして外務省の旨に依るの外、何等独立の渉外的行動を執るを得ざらしむるを必要と認む」と唱えた。こうした満蒙策が中国浪人の反感をかったことはいうまでもない。そのうえ、この年の八月から九月にかけて、中国の第二革命の進行中に、兗州《えんしゅう》（山東省南部）、漢口《かんこう》、南京《ナンキン》の三ヵ所で、相ついで北軍軍隊と日本人との間に紛争が起り、それに対する日本政府の消極的態度が中国浪人たちを強く刺激した。彼らは、山本内閣の中国政策をはげしく攻撃し、ことに外交の直接責任者である牧野伸顕《まきののぶあき》外相、伊集院公使、阿部政務局長らが彼らの目の敵《かたき》とされ、とりわけ阿部に対する風当りは強かった。そしてついに、阿部は血気にはやる青年の凶刃に倒れることになったのである。

この暗殺事件は、結局、政府の態度を俄然《がぜん》硬化させ、袁世凱に対し、三事件についての強硬要求をたたきつけさせることになった。南京に碇泊する九隻の日本軍艦と、新たに百四十余名を増派した日本海軍陸戦隊の無言の示威のもとに、中国はやむなく日本の要求をのんだ。

この事件をとおして、日本の対中国政策に、いわゆる中国浪人と彼らにつらなる陸軍の影響力がしだいに強化されつつあったことを知ることができる。もっとも、山本内閣は、成立直後に行なった一万人以上にのぼる行政整理の一環として、明治四十三年（第二次桂内閣）以来存続した拓殖局を廃止した。その結果、満州の関東都督は首相の監督下からはなれて、軍事事項以外のすべてについて、ふたたび外相の指揮監督を受けることになった。

この関東都督府の官制改革は、単に行政整理だけが目的ではなく、そこには海軍大将内閣の反陸軍臭が強く感じられた。だが、関東都督の権限がいささか弱められ、しかも内地では民間右翼が阿部政務局長を血祭にあげて、牧野外交攻撃に狂奔していることを知っている以上、現地の満州で関東都督府あたりが政府、ことに牧野に対する反撃に出なかったとはとうてい考えられない。現にそれを暗示するような事件もあった。いずれにしても、外務権限の強化によって、満州での従来の多頭政治が解消される可能性はなく、混沌としたありさまが続いたことは確かである。

第一次大戦と青島攻略

大正三年（一九一四年）七月、ヨーロッパに第一次世界大戦が勃発した。イギリス政府は、参戦直後の八月七日、日本政府に覚書を送り、イギリスの貿易船を襲撃しつつあるドイツ武装商船を、日本艦隊が捜索、撃破してほしいと申し入れてきた。日本政府は、渡りに舟とばかりに、参戦を決定し、イギリスの援助依頼から三十六時間後には、参戦に必要ないっさいの手続きを終えた。参戦理由は、イギリスとの同盟の情《じょう》誼《ぎ》と、この機会に日本がドイツの根拠地を東洋から一掃して、国際的地位を向上させることにある、というのだった。とりわけ国際的地位の向上、いいかえればドイツが山東半島の膠州湾《こうしゅうわん》で持っている権利を、このさい日本の手に収め、同時に日中両国間によこたわる多年の懸案をいっきょに片づけるというのがねらいだった。

日本の積極的な態度に、「参戦」までを期待したわけではなかったイギリスは、むしろ狼狽《ろうばい》した。極東における利害を考慮したイギリスは、日本への依頼をとりけした。しかし日本政府は、参戦を思いとどまるつもりはなかった。日本の参戦を止める

青島に入城する日本陸軍の兵士

ことはできないとみたイギリスは、今度は日本の戦闘区域をできるだけ制限しようという策にでたが、それも失敗した。

　そうこうするうちにドイツは、日独が開戦すれば、膠州湾はすぐに日本に占領されるであろうと察し、同地を中立地帯とするためには、いちおうこの租借地を中国に返還するのが得策だと考え、それについて目下中国政府と交渉中だ、という情報が日本の耳に入った。ドイツのこの画策を知った日本政府は、事態はもはや一刻の猶予《ゆうよ》も許さないと悟り、八月二十三日、ついに対独宣戦布告を行なった。

　宣戦布告と同時に、日本は予定どおりの軍事行動を開始した。第十八師団（師団長神尾《かみお》光臣《みつおみ》中将）は膠州湾の軍港青島《チンタオ》の攻略にとりかかり、また第二艦隊（司令長官加藤定吉中将）も八月二十七日に膠州湾の封鎖を実施した。日本陸軍の先頭部隊は九月二日に渤海湾《ぼっかいわん》にのぞむ竜口に上陸し、十月三十一日から総攻撃に移った。わずか千六百名（アジア各地から参集した在郷軍人を加えても約四千五百名）にすぎなかったドイツ兵は勇敢に戦ったが、十一月六日各堡塁《ほうるい》を抜かれ、翌七日ついに降伏した。日本軍は膠州湾、青島、膠済鉄道全線（青島〜済南《さいなん》）を占領して、戦いは終った。そして十一月二十四日には、早くも青島守備軍が編成され、軍司令官にはとりあえず神尾第十八師団長が任命された。

この事態を、中国政府はただだまってみていたわけではない。すでに十一月十八日に、日本軍の撤退を要求し、翌大正四年（一九一五年）に入ると山東省交戦地域撤廃を声明し、日本軍の即時撤退を要求したのである。日本はこれらの要求をすべて拒絶したが、このような中国の攻撃的姿勢はいささか日本の世論を刺激した。

加藤外相の念願

これより先、大正三年八月、満州では日中間に鄭家屯《ていかとん》事件とよばれる紛争があった。十八日、鉄嶺《てつれい》から鄭家屯方面へ行軍中の日本軍が、中国巡警から射撃され、下士卒二名の負傷者が出たのである。福島安正《やすまさ》関東都督（九月より中村覚《さとる》中将に交代）

は、この事件をとらえ、満蒙の居留地外にいる日本人の居住権・不動産所有権・鉱山採掘権などの既得権益を条約上の基礎にのせることを中国側に要求するよう、加藤外相に申し出た。だが、加藤外相はこの上申を受け入れなかったばかりか、「甚だその体を得ざる次第に付」これからは深く注意するようにと、都督をたしなめさえしたのであった。しかし、それは加藤の示したひとつのポーズにすぎなかった。

加藤外相は、十二月三日に日置《ひおき》益《えき》駐華公使を東京に呼んで、対華要求についての重大な訓令を与えた。訓令をたずさえて帰任した日置は、翌大正四年一月十八日、訓令全文を袁世凱に手渡した。これがいわゆる「対華二十一ヵ条」の要求である。その内容は、先の関東都督上申のそれをはるかにこえて、広範囲であり、深刻でもあった。

外務大臣加藤高明

満州問題に立ち向おうとする加藤には、「数年の黙想と抱負と準備」（伊藤正徳《まさのり》『加藤高明』下巻の標題）とがあった。大正十二年（一九二三年）に満期となる関東州の租借権と、これまた満期の近い満鉄や安奉鉄道（安東〜奉天）の建設経営権とについて、その期限を延長したいというのが彼の満州問題に関する日ごろの念願であった。だからヨーロッパ大戦の勃発は、大隈内閣の実力者としての加藤にとって、まさに千載一遇《せんざいいちぐう》のチャンスだった。青島攻略ののちに来るべきものとして、加藤のプログラムには、期限延長問題を含む対華強硬要求提出の件が早くから特筆大書されていたのだった。それは関東都督などの上申を待つまでもないことであり、満州と意見の応酬などをやれば、かえって機密のもれる恐れもあった。だから加藤は、意識的に関東都督の申入れを拒否し、またそれをたしなめたのであろう。

二十一ヵ条要求と満蒙

第一号から第五号までに分類された二十一ヵ条要求のうち、山東省と南満州・東部内蒙古に関する部分（第二号）とを要約すると、次のような内容となる。

㈠　ドイツが山東省で持っていた権利、利益などの処分につき、将来、日独両国が協定するであろういっさいの事項を承諾すること。
㈡　芝罘または竜口と膠済鉄道とを連絡する鉄道の敷設《ふせつ》権を日本に与えること。
㈢　旅順・大連租借期限ならびに南満州と安奉鉄道に関する各期限を、いずれもさらに九十九ヵ年延長すること。

(四)　日本人は南満州と東部内蒙古で、各種商工業上の建物の建設または耕作のため土地の賃租権や所有権（これらを「商租権」と呼んだ）を取得できるようにすること（今まで開市場だけに限られていた外国人の居住営業を、日本人にだけは一般内地においてもこれを認めろ、という要求である点が注目される）。

(五)　日本人は南満州と東部内蒙古で居住往来と商工業その他の業務に自由に従事できるようにすること。

(六)　南満州と東部内蒙古で鉱山の採掘権を日本人に与えること。

(七)　南満州と東部内蒙古で外国人に鉄道敷設権を与えたり、鉄道敷設のために外国資本を必要としたり、または税金を担保に借款を起したりするときは、あらかじめ日本政府の同意を必要とすること。

日本の要求条項をめぐる日置公使と外交総長陸徴祥《りくちょうしょう》との談判は四ヵ月にわたり、二十六回もくりかえされた。中国側はそのなかで、関東州の租借権問題だけは承認する気配をみせたが、その他の問題については、絶対に交渉に応じなかった。

そこで日本は、そのころがたまたま青島守備軍と関東都督の率いる満州駐剳師団の交代時期だったのを利用して、歩兵第八旅団（平時編成）を中心に、騎兵・野砲兵・

工兵各中隊（第十師団）と砲兵中隊（第十二師団）などを加えて、新たに守備軍（軍司令官大谷喜久蔵中将）を編成し、青島に送った。しかも、旧守備軍の帰還は無期限に延長するという処置に出て、新旧兵力の二重使用により、中国側に無言の威圧を加えたのである。

さらに、五月一日に示された中国側の最終的修正案に不満だった加藤外相は、七日には期限つき（九日午後六時まで）の最後通牒を袁世凱に送った。こうして中国側は「二十一ヵ条」要求の承認を余儀なくされたのである。ただし、中国側の承認したのは十六ヵ条であった。最初日本が要求した二十一ヵ条は、最終的要求においては、第五号の一般希望条項（第五号だけを列国に内示しなかったことが、彼らの疑惑と反対を招くひとつの理由となった）のうちから、福建《ふっけん》省の軍事施設に関するものをのぞく五ヵ条が撤回されたからである。

はりきる中村都督の意見書

二十一ヵ条条約の成立は、満州での関東都督府の動きを活発にした。中村都督は、条約正式調印と同じ日付（五月二十五日）で、岡陸相宛に『関東都督府官制改正に関する意見書』と『満州駐劄陸軍に関する意見書』を送った。

『関東都督府官制改正に関する意見書』のなかで、中村都督は、関東都督府および駐剳師団司令部と軍隊の主力を旅順から奉天に移すこと、満鉄付属地の一般行政はもちろん、満蒙一帯の在留日本人に対する警察・司法・行政・外交のすべてを関東都督の職権に移すことを主張した。前者は、ただロシア占領時代の兵舎などが利用できるという理由だけから、満州の先端に位置する旅順に根拠をおき、兵力も北に薄く南に厚くしているのは、ロシアに備えるという日本の目的にそむくから、南満・東蒙の中枢である奉天にこれを移した方がよいというものであった。後者は、要するに関東都督のもとに権力の一元化をはかろうという、古くて新しい問題の提起であった。

　また『満州駐剳陸軍に関する意見書』のなかで、駐剳師団（一個師団）の最北端を、現状の公主嶺から長春まで進出させる具体案を具申した。さらに中村の八月一日付『南満州及び東部内蒙古の境界に関する意見』も中央部に送られた。それは、元来中国人には南・北満州、東部・西部内蒙古という概念上の区別はまったくなく、この区別は日本人がロシアに対して自分の勢力範囲を示すための便宜から持ち始めたものだという発想にもとづくものであった。そして南・北満州の境界線を第一松花江《しょうかこう》まで北進させて、奉天・吉林《きつりん》両省の全部を南満州に含ませ、さらに東部内蒙古は哲里木《チエリム》盟、卓索図《チヨソト》盟、昭烏達《チヤオーダ》盟、錫林郭勒《シリンゴール》盟の東四盟と、察哈爾《チヤハル》部の左翼四旗を境域とするならば、二十一ヵ条条約の満蒙に関する条項の適用範囲ははるかに広くなるはずだと結論した。

この意見書からも、二十一ヵ条条約の成立を機会に、都督府が並々ならぬはりきりぶりをみせていたことがうかがわれるであろう。しかも都督府は、このように中央部のねじを巻いただけで満足はしなかった。さらに現地で川島浪速らの第二次満蒙独立計画を積極的に支援したのである。

満蒙対策をめぐる不統一

第一回の計画に失敗した川島らの、今度の企ては、袁世凱が帝位をねらったこと、およびそれへの対応として起った第三革命を契機とした。革命の発生は、日本の反袁勢力を抬頭させた。参謀本部を中心に、海軍軍令部も、また政府の内部でも尾崎行雄《ゆきお》法相など一部の閣僚はしきりに反袁を唱えはじめ、大正五年（一九一六年）三月七日の閣議は、日本が「優越なる勢力」を中国に確立するためには、「袁氏が支那の権力圏より脱退するに至るを便」とするとし、袁に比べれば何人《なんぴと》であっても日本に有利だとさえ断定した。

この閣議決定を知った中村都督は、ただちに在満各領事、軍憲に対し、排袁を目的とする日本人の活動の取締りには手心を加えられたいと伝えた。この都督内命の意図するものは、当時すでに進行中であった第二次満蒙独立計画を側面から支援することであった。川島らは大正四年の夏ごろから、蒙古のタブソン・ノール（塩湖）方面にいた蒙古騎馬隊の頭領巴布札布《バブチャップ》と連絡をつけ、これと粛親王をいただく宗社党《そうしゃ》とを結びつけ、さらに有力な支持者として、何人かの陸軍予備将校や大陸浪人たちを一味にひきいれて、独立計画を進めていた。

中央部でも参謀本部——ことに田中義一《ぎいち》次長が計画の熱心な支持者だった。まず小磯国昭《こいそくにあき》少佐を現地に送って計画を支援させ、さらに総指揮者として土井市之進《どいいちのしん》大佐を満州に派遣した。

中村都督の内命は、こうした動きのなかで伝えられたのだが、これには都督統率下の駐劄第十七師団長本郷房太郎中将や、独立守備隊長藤井幸槌《ふじいこうつち》少将などでさえ批判的であった。しかし批判派の中心は、何といっても平素から都督府に対抗意識をもっていた領事の側であった。吉田茂《しげる》安東領事や矢田七太郎《やだしちたろう》奉天総領事代理は、強く都督の態度を石井菊次郎《きくじろう》外相あてに非難した。そして矢田総領事代理らは、この際、奉天将軍の地位をねらっている第二十七師長張作霖《ちょうさくりん》を助け、彼を通じて満蒙独立をはかる方が、雲をつかむような土井たちの満蒙独立計画よりもはるかに実際的だと考え、これを中央部に具申《ぐしん》した。

ところが驚いたことに、この矢田らの案に対して、石井外相はもとより、今まで土井たちの黒幕の一人とみられた田中参謀次長まで、たちまち同調の色を示したのである。そして田中次長は、中村都督に対して、張作霖と会見し彼の蹶起《けっき》を促すようにせよ、と電命した。中村都督は、断然これに反対であったものの、中央の命令とあればやむをえず、いちおう土井工作延期の処置をとった。そのご川島らの計画は、都督府と無関係という形で推進され、一方では張擁立工作の妨害が行なわれた。

また、これと張りあう総領事側は、張工作を早く張の独立宣言にまでもっていこうとして、しきりに満州側要人との間に内談をかさねた。ところが、奉天将軍段芝貴《だんしき》が東三省の実権を張作霖に譲って北京に逃避し、張も思いがけずころげこんできた奉天将軍代理兼奉天巡按使の地位に満足してしまったため、日本はただ対満蒙策の不統一という醜態を暴露するだけに終ったのである。

満蒙独立計画の崩壊

他方、第三革命も、袁世凱が大正五年六月六日急死したことによって、急転直下の形勢を示した。かわって大総統となった黎元洪《れいげんこう》は、革命派の要求をすべて承認した。

ここに日本の対華方針は、またもその根本をゆすぶられ、変更を余儀なくされたのである。

外務省を中心に、今度は新大総統黎元洪援助方針がうちだされた。それは袁の死から二日後でしかない六月八日に、早くも日本政府の対華方針として決定され、二十三日には満蒙独立計画も中止することが明らかにされた。

しかし、このとき独立計画は、現地での人の配置も軍資金の交付も終り、中国官民の目をひくほどに準備工作も進み、もはや後にはひけないという状態になっていた。中央部からの強硬な中止命令との間に立って、もっとも苦しい立場におかれたのは、関東都督府の西川虎次郎参謀長と土井大佐だった。彼らは事態がこうなっては、計画中止もやむをえないと考えていた。しかし満蒙経営に異常とも思えるほどの熱意をもやす川島一味にこれを納得させ、その結束を解くことのむずかしさは明らかだった。しかも中央部は、もしほかに解散の名案がないなら、思いきって現在の独立計画をすぐに実行させ、中国軍隊にこれを撃破させればよい、とまで極言するのだった。西川と土井はあれこれと苦慮のあげく、日中両国の関係者には解散費を与えて解散させ、また蒙古軍には兵器を与えて本来の根拠地である蒙古地区に引き揚げさせ、以後日本側はいっさいの関係を絶つという具体策によって解決をはかろうとした。川島らは、この案に強い不満をぶちまけたが、最後には、蒙古軍が自発的に行なう独立運動は承認することを条件に折れ、一味の解散を承諾した。

一方、ハルハ河畔から郭家店《かくかてん》まで南進していた巴布札布は、川島から、五万円の手切金とともに日本側と絶縁し、故郷へ帰還することを勧告された。これを容れて蒙古軍は、九月二日に帰郷の途についた。これには馬賊隊指揮官のほかに、木沢暢・入江種矩両大尉、塩谷武次中尉ら約三十名の日本人が行をともにした。西へ前進を続けた蒙古軍は、十月七日林西城に拠《よ》る中国軍に対して払暁《ふつぎよう》攻撃をかけ、当初は有利に闘ったが、やがて巴布札布が敵弾に倒れて戦死してからは、まったくの混乱状態におちいり、十二月初旬ようやくハルハ河畔の根拠地に帰還した。こうして第二次蒙古独立計画も、成果らしい成果も残さずに崩壊したのである。

解決をみた多年の懸案

第二次満蒙独立運動に対して関東都督府が示した態度は、第一次運動の場合と同様に、これにはまったく異議なし、ということだった。しかし、中村都督の内命が、すぐに領事側の強烈な反発をよんだことが端的に示すように、外相の指揮監督のもとにおかれていた当時の都督府の勢力は、まだ三頭政治の争いのうちに埋没されていて、そのなかから断然頭角を現わす段階ではなかった。

この関東都督府官制改革の懸案が実施され、それまでにない最高の権力を都督が握るようになったのは、陸軍大将寺内正毅《まさたけ》内閣（大正五年十月成立）のもとにおいてであった。寺内首相には、陸相または朝鮮総督としての過去の経験を踏まえて、このさい朝鮮・満州を包括する大がかりな大陸政策を樹立しようという気構《きがま》えがあった。だから大正六年（一九一七年）一月の閣議で決定された『対華政策』のなかでは、南満・東蒙での日本の特殊権益をますます増進させ、また山東省についても戦前のドイツのいっさいの利権を日本の手に収める方法を講ずる、と述べており、なかなか強硬だった。この新内閣の積極的態度に対して満蒙積極論者が手をこまねいて見ているはずはなかった。寺内内閣成立と同時に、都督府、陸軍側、満鉄などから、現在の対満機構の不合理なことを示すいくつかの事例をあげて、この際ぜひとも関東都督府官制を改革して、在満領事を都督の指揮下に置かなければならない、という要望が政府に殺到した。寺内内閣はこの提案をとりあげたのである。もちろん外務側は、幣原喜重郎《しではらきじゅうろう》次官を中心に、この改革案に強く反対したが、しかし結局は、陸軍攻勢をさえぎることはできなかった。

七月末には拓殖局が復活して、外交事務をのぞく関東州と満鉄の事務は、すべてこの官庁の手に握られることになり、同時に関東都督府官制も改められて、都督はここでまた首相の監督下におかれるようになった。さらに、関東都督は満鉄総裁を兼ねることになり、大島都督、後藤満鉄総裁以来の宿望がここに達成されたのである。また在満領事は、今までどおり外相の指揮監督に服するが、外交以外の行政事務に関し都督から照会があった場合、領事はすみやかにその実行方法を講ずることとなった。そのほか、新しく関東都督府に憲兵司令官をおき、警視総長の資格で都督府・領事館両警察の警務を総括し、憲兵に警察官を兼務させることにしたことや、朝鮮鉄道の経営を満鉄に一任したことなども注目されてよい。

官制改革とともに人事も更新され、中村覚大将にかわって、満鉄総裁中村雄次郎《ゆうじろう》中将が関東都督に任命され、満州に君臨した。多年の懸案が一挙にここで解決して、このような結果になったことの裏には、当時ヨーロッパをあげて戦争の最中であり、軍事が政治に優先するという世界的な風潮があったといってよいだろう。

満州駐劄軍のシベリア出兵

関東都督府の強化にもまして満州の情勢に大きな意味を持ったのは、ロシアでのボルシェヴィキ革命の進展と、それにともなう極東の新事態だった。都督府指揮下の在満師団は、大正七年（一九一八年）、第一次世界大戦末期のシベリア出兵に参加した。この出兵は、一九一七年の十月革命によってロシアに成立したソビエト政権を打倒するために、シベリアにいるチェコスロヴァキア軍救援を名目として行なわれたもので、日米を中心とする連合軍のシベリアへの軍事行動であった。

日本軍は八月初め、ウラジオ派遣軍を編成して沿海州を席巻《せっけん》し、黒竜州に向う形勢を示したが、一方、ザバイカル方面で反革命軍のセミョーノフ支隊が革命軍に押されて、満州領内に撤退してきた。そこで日本は在満師団を出動させることとし、関東都督中村雄次郎中将に対して、第七師団長藤井幸槌中将の指揮する藤井枝隊《したい》を満州里《マンチユリ》付近に派遣し、別に一個連隊をハルビン、ハイラル間に進めるように命令した。

藤井枝隊は、セミョーノフ支隊やチェコ軍と策応して、九月上旬満州里からチタに進入した。こうして、九月下旬にはバイカル湖以東の極東ロシア領は日本軍の制圧下におかれ、いちおう出兵目的を達成した。

以後、関東都督はシベリア派遣軍、第三師団（九月一日北満に派遣）とともに占領地の治安維持を分担することとなり、その守備管区を北満州とオノン・ボルジャ河以東ザバイカル地区に拡大した。その後、大正八年五月に、米、英、仏、伊の各国軍はシベリアから撤兵した。これに反して日本は、撤兵どころか増兵を行ない、ひとりソビエト政権の打倒を企図したが思うにまかせず、しかも大正九年（一九二〇年）五月二十四日には、ニコライエフスクの邦人虐殺事件を誘発し、ついに国内の批判と国外の疑惑だけを土産に、大正十四年（一九二五年）、むなしく撤兵しなければならなかった。

都督府から関東庁へ

シベリア出兵が行なわれていた大正八年、満州駐箚軍の機構に、文字どおり画期的な改革が行なわれた。四月十二日の関東庁官制の公布による、関東都督府の廃止である。

この改廃は「由来関東都督府は一方に軍権を擁し、他方に事務官としての領事を指揮命令し得るを以て……とかく帝国の支那に対する領土的野心の存在を疑わしむるのみならず、執行せんとする外交方針もしくは施政方針は往々都督の関与する所となった」という理由のもとに、外務省が中心となって行なわれた。この告訴状もどきの関東都督府に対する露骨な弾劾のなかに、寺内内閣以来約二年間、南満の権力をほとんど一手に握ってきた都督府に対する外務省側の根強い反感がうかがわれる。いずれにせよ、㈠都督府組織の縮小、㈡軍権の移転による中国側の被圧迫観念の除去と日本の非侵略主義の表明、㈢領事に対する都督の直接間接の関与を制限して、外交の運用に支障をなくすることを目的とした官制改革は、関東庁官制の公布となって結実したのである。

新官制の持つ大きな特色は、㈠新しく関東庁長官をおき、親任の文官をこれにあてるのを原則とする、㈡関東庁長官の権限を、関東州の管轄と、南満での鉄道線路の警務上の取締りをつかさどる（今までは鉄道線路の保護と取締り）ことに限定する、㈢関東庁長官は渉外事項一般につき（今までは外交に関する事項）外相の監督をうける、㈣関東庁に官房・民政部・外事部をおき、外事部長は奉天総領事が兼任する、㈤警務部・警視総長・憲兵の警察官兼任を廃止する、㈥満鉄を旧制にもどし、関東庁長官は満鉄の業務を監督し、交通事務につき満鉄社長を顧問とする、㈦関東都督府陸軍部は新しく公布された関東軍司令部条例によって分離する、などであった。

こうして関東州の統治機構は伊藤博文らが唱え出して以来、はじめて名実ともに民政方式となり、また新しく関東軍司令部が設けられて、軍・政が分離された。関東軍司令部は在満陸軍諸部隊――つまり今までの関東都督隷下の駐劄一個師団と独立守備隊――を統率し、関東州の防衛、南満の鉄道線路の保護を行なうこととされた。初代関東庁長官には中国問題に多年の経験を持つ外交界の長老、林権助《ごんすけ》が、関東軍司令官には立花小一郎《たちばなこいちろう》中将がそれぞれ任命された。

関東州でのこの兵政分離は、大正七年六月以来の一連の植民地統治機構改革のなかで行なわれたのだが、原敬《たかし》内閣がこうした措置にふみきった直接の契機は、大正八年三月一日に起った三・一事件または万歳事件という名の朝鮮独立運動だろう。

第一次大戦勃発以来、朝鮮人は民族自決の世界的風潮にうながされ、日本の支配をはねのけて祖国復興の叫びをあげていたが、ついに大正八年三月一日、天道教徒、キリスト教徒を中心に京城で暴動を起し、しだいにそれは各地に拡がってほとんど全鮮をおおい、学生や一般人民もこれに参加して猛威をふるった。三月中旬、朝鮮総督はもはや警察力だけでは手に負えないとみて、朝鮮軍に出動を命じ、さらに四月下旬には内地から歩兵六個大隊を増派してようやくこれを鎮圧することができた。この事件への対策という意味と、いわゆる大正デモクラシーの風潮とが、南満を含む日本の植民地統治方式を改めさせたゆえんだろう。

関東軍の誕生

こうして軍側が日露戦争直後からいつでも望み、そして大正六年にはある程度実現された、軍による南満の一手掌握の夢は破れた。ここに新しく生れた「関東軍」は、形式的には単に関東州と満鉄線路の番兵でしかなくなった。しかし裏返していえば、そのためにこの満州の日本軍隊は、かえってスッキリした姿になった。「作戦と動員計画に関しては参謀総長の区処《くしよ》（指揮）を受ける」と規定された陸軍大・中将の関東軍司令官は、この後、統帥権独立の名のもとに、誰にもわずらわされずに、満蒙の広野で独自の道を歩むことができるようになった。その点に、機構改革の意図とはうらはらに、この軍隊が「独走」する可能性がはらまれていたのである。

しかし、さしあたっては、いわば関東軍誕生の産婆役をはたしたことにみられるように、外務側がイニシャティブを握っていた。たとえば、大正十一年（一九二二年）の第一次奉直《ほうちよく》戦争（奉天派の張作霖と直隷《ちよくれい》派の呉佩孚《ごはいふ》の戦い）に際して、張作霖支援を主張した関東軍の力は、外務側（外相内田康哉《やすや》）の不干渉政策を打ち破れるほど圧倒的ではなかった。

それが、大正十三年（一九二四年）の第二次奉直戦争（第一次の戦いに敗れた奉天派の復讐戦）の段階では、のちにみるように、陸軍部内限りの秘密工作をやるだけの自信と、そして実力を持つようになった。その際、これと拮抗《きつこう》したのが「幣原外交」であった。

「幣原外交」の登場

「幣原外交」の名で呼ばれる外相幣原喜重郎の外交は、〝協調外交〟の同義語とされ、〝不干渉政策〟として知られる。一方では強硬派から〝軟弱外交〟と痛罵《つうば》されながらも、ある時期にはともかくも力を持ちえていたのは、それが大戦後の世界が求めていた平和体制確立の流れに同調するものであったからだといえよう。

ドイツ・オーストリア側の敗北に終った第一次大戦の講和会議は、一九一九年（大正八年）一月からパリで開かれた。そこでは、戦勝国日本は、同じく一兵も損せずに勝利者として講和会議にのぞんだ中国との間に、山東還付問題をめぐってはげしく争った。ことは日本全権団の引揚げが考慮されるほど紛糾した。しかし、戦後の安全保障機構「国際連盟」の有力な一員としてかぞえていた日本の脱落を恐れたウィルソン米大統領が、日中の妥協をはかった。ドイツが持っていた山東での経済特権と、青島に一般条件のもとに一居留地を設ける権利とを日本に認めるかわりに、山東半島の完全な主権とともに日本から中国にこれを還付するという妥協条件を出し、これを中国にのませたのである。しかし、そのため中国全権は講和条約の調印を拒否し、中国の民衆ははげしい排日運動を展開するようになった。

また一九二一年（大正十年）から翌年にかけては、海軍の軍備縮小と、太平洋問題の解決とをかねて、列強の間に「ワシントン会議」が開かれた。そこではアメリカの主唱のもとに、日米両国を含む九ヵ国の間で、中国に鞏固《きょうこ》な政府のできることを支持し、その領土的・行政的保全を尊重すること、そこでの商工業上の機会均等主義をうちたてることなどを申し合わせた（九ヵ国条約）。

こうしたパリ－ワシントン平和体制に順応して、中国に対する不干渉主義に徹しようとする外交として出現したのが、「幣原外交」であった。幣原は大正十三年六月に成立した加藤高明《たかあき》の護憲三派内閣、同じ加藤の憲政会単独内閣、若槻礼次《わかつきれいじ》郎《ろう》の憲政会内閣にわたって、約三年間霞ヶ関をリードし、昭和二年（一九二七年）四月の田中義一政友会内閣の成立とともに、田中積極外交に席を譲った（昭和四年〈一九二九年〉七月、田中内閣が張作霖爆殺事件にからんで倒れると、同日民政党の浜口雄《お》幸《さち》内閣が成立して、幣原はふたたび外相の座に返り咲いた。田中外交をなかにはさんで、それ以前を第一次、それ以後を第二次幣原外交とふつう呼んでいるが、第二次の性格についてはあとで述べるとして、ここでは第一次を問題とする）。

「独走」始めた関東軍

大正十三年九月に始まった第二次奉直戦争は、十月中旬になってもまだ一進一退をくりかえしていたが、十月下旬直隷派の第三軍司令馮玉祥《ふうぎょくしょう》が突然クーデタを断行して直隷側に矛《ほこ》を向け、北京《ペキン》を占領したために、直隷派は総崩れとなった。この戦いに対して、日本では、関東軍や陸軍・外務の出先官憲ばかりでなく、ほとんど全部の閣僚（加藤高明の護憲三派内閣）が張作霖援助策による日本の権益確保を主張したが、ひとり幣原外相は断乎《だんこ》不干渉政策を唱えて、援張策を抑えた。

幣原はこの戦いの結果にすこぶる満足だったが、実は馮玉祥のクーデタの背後には、日本の出先陸軍の謀略があったのである。陸軍予備役大佐の寺西秀武、張作霖顧問の松井七夫《ななお》大佐などの説得により、張作霖から馮玉祥に対して百万円が渡され、同時に参謀本部付の土肥原賢二《どいはらけんじ》大佐と黄郛《こうふ》が協力して、馮玉祥を説得した結果が彼の寝返りとなった。そして松室孝良少佐は直接馮玉祥の作戦計画を指導し、以来馮との関係を深くした。この工作に関東軍がどのように関係したかは明らかでないが、中央の宇垣一成《うがきかずしげ》陸相や上原勇作《うえはらゆうさく》元帥までが、これを知っていたばかりか、彼らには出先をそそのかしたと思われる形跡があるので、関東軍がこの工作にノータッチであったとは考えられない。しかし、それはまだ裏面での動きであったが、次の郭松齢《かくしょうれい》事件に際しては、正面きって「独走」を開始するのである。

郭松齢事件は、北洋軍閥内の最後の大格闘であった。第二次奉直戦争に敗れた呉佩孚らの直隷派が没落してからのちの華北には、張作霖・馮玉祥両軍の勢力均衡の上に、段祺瑞《だんきずい》の傀儡《かいらい》政権があったが、政情はきわめて不安定だった。

はたして大正十四年十月中旬、浙江《せっこう》省の孫伝芳《そんでんぽう》など長江軍閥が突然奉天派に対して連合蹶起し、しばらく岳州《がくしゅう》に雌伏《しふく》していた呉佩孚も、再起の機至れりとみて、奉天討伐の意思を表明した。馮玉祥も表面は中立をよそおいながら、裏面で戦備を整え、通州一帯に大軍を配置した。これに対する張作霖も直隷・山東両省はもちろん、関外（満州）の軍主力をも続々関内（中国本土）に集結して開戦準備をいそいだ。

こうして華北にふたたび戦雲たちこめるとき、張作霖の命令で、天津方面に出動していた張学良《ちょうがくりょう》軍副司令郭松齢が、十一月二十三日馮玉祥との連繋のもとに、突然灤州《らんしゅう》付近で張作霖に反旗をひるがえした。郭は奉天軍の精鋭の大部分を掌握し、みずから東北国民軍総司令を名のり、一挙に奉天をつこうとした。このとき奉天軍の大部分は関内に出動中で、張作霖は奉天付近に少数の衛隊を持つばかりだった。

郭松齢事件に独断干渉

事件発生と同時に、張作霖顧問の松井少将はいうまでもなく、関東庁も総領事館（奉天総領事吉田茂）もいっせいに援張を主張した。これに対して、幣原外相と宇垣陸相は、満州での日本の地位を無視されないかぎり、あえて〝火中の栗〟を拾うことはないとして、援張に反対した。幣原には、日本は満州の情勢にばかりとらわれないで、当分中央政局を動かすであろう馮玉祥や国民党への接触をはかるべきだという考えもあった。また、関東軍は郭軍の東進を遼河《りょうが》の線で抑えることを陸軍中央部に具申したが、参謀本部も、内政不干渉・利権擁護というこれまでの方針から逸脱することを禁じた。そこで関東軍は、とりあえず駐剳第十師団の一部を奉天に集結して動乱に備えるという処置をとった。

十二月五日、奉天軍は連山付近の戦いに敗れて総崩れとなり、一時は張の下野説が伝えられるまでになった。こうした情勢のなかでも、陸軍中央部は、張・郭両軍に日本の権益保持に関する警告を与えるよう、関東軍司令官に指示するだけであった。白川義則《しらかわよしのり》軍司令官は、この警告を十二月八日両軍に伝えたが（第一警告）、十三日に郭軍約二千が遼河を渡って営口《えいこう》に入ろうとしたとき、営口の日本守備隊長に命じて渡河を禁止させ、翌十四日、治安維持を名目とする郭軍の営口進入を阻止した。これには郭軍が厳重抗議し、同地のイギリス領事も反対したが、この処置はすべて白川軍司令官の独断で行なわれた。

関東軍は、また十三日には、両軍の戦線がしだいに満鉄付属地に近づいたという理由で、その保安のため付属地の周囲三〇キロ（約一日行程）を戦闘行動禁止区域とするという案を立て、これを中央部に具申し、郭軍にもこれを伝えた。これに対し、宇垣陸相は十四日、白川案を縮小して、「日本軍は南満鉄道付属地両側及び該鉄道終末点より約二〇支里（約一二キロメートル、着弾距離）以内に於て両軍の直接戦闘動作は勿論、我《わが》付属地の治安を乱す惧《おそ》れある軍事行動はこれを禁止す」という、張・郭両軍に対する第二警告を白川に訓令した。幣原外相も、同日吉田総領事に対し、この第二警告のなかで禁止された行動にでないかぎり、たとえ戦闘禁止区域内であっても両軍の存在と通過は黙認する方針だから、郭軍の営口進入禁止も自然解除される、と打電した。

この警告は、もし容れなければ郭軍を武装解除するという〝決意〟とともに、すくなくとも郭軍に対しては十五日に発せられた（前に三〇キロといい、今度二〇支里と改めたことについては、旅順にある軍司令部から訓電するときに生じた通信手の間違いだ、という苦しい弁解を用意した）。ところが、白川関東軍司令官は、第二警告を行なった同じ日、遼陽から歩兵第十連隊の一個中隊（将校以下五十名）を営口に送り、警備につけた。この措置を通じて、相変らず郭軍の渡河と営口進入を認めない、という態度を表明したのだ。それればかりか、一五サンチ重砲を操縦するため十数名の日本人砲兵が奉天軍に参加した、という事実もあった。また関東軍のたびかさなる増兵の求めに応じて、十六、十七両日には、朝鮮軍から歩兵二個大隊と野砲兵二個中隊が、十九日以後には内地から混成第一旅団が奉天に到着したりもした。

このような関東軍の強力な側面工作により、奉天軍は息をふきかえし、二十三日新《しん》民《みん》付近の戦いで形勢は逆転した。同夜郭軍参謀長から張作霖に「郭松齢は逃亡せり、郭軍全部は投降するにより攻撃を中止せられんことを乞う」という電報が送られた。そして郭松齢は二十五日奉天軍に捕えられて射殺され、郭軍は総員武装を解除され、また馮玉祥はソ連に亡命した。

この郭松齢事件で、白川軍司令官は、なぜこれほどの熱意を張作霖支持にむけて示したのか。それについては、まず白川が張とよほど特殊な関係にあったことが想像されよう。しかしそれ以外に、陸軍部内における対抗意識が白川をかくもはげしく援張にかりたてたのである。当時陸軍は、張作霖には松井七夫を、馮玉祥には松室孝良を、郭松齢には佐々木到一《とういち》を、という具合に、およそ目ぼしい軍閥将領のもとにはすべて〝シナ屋〟と呼ばれる軍人を送りこんでいた。だから張作霖対郭松齢の決戦は一面、白川対佐々木のはりあいであり、張の勝利は、一大将と一少佐との貫禄《かんろく》の差だともいえたのである。

しかしそうした白川個人の動機が何であったにせよ、中央部の意志を無視した彼の行動が、関東軍「独走」の最初の例となったことの方が、問題は大きかった。大日本帝国の尖兵という過剰意識に増幅された彼らの行動が、ある種の期待と不安をもって迎えられるのは、実にこのときに始まるのである。

第二章　張作霖爆死事件

昭和三年六月三日夜

昭和三年（一九二八年）六月三日の夜、爆薬や電線などを積んで、わずかの人影とともにひそかに奉天《ほうてん》の日本独立守備隊兵舎の裏門を出ていく一台の荷車があった。まもなく荷車は、満鉄線が京奉線（北京《ペキン》〜奉天）と奉天西北部で立体交差する地点に到着すると、梶棒《かじぼう》がおろされた。京奉線の上を走る満鉄線の鉄橋は、二つの煉瓦《れんが》積みの橋脚で支えられていたが、一行は夜陰に乗じてその橋脚の上部に一〇〇ないし一五〇キロの黄色爆薬を装置した。またその地点から南方約二〇〇メートル、日本側が列車泥棒監視のために設けていた小屋まで導火用の電線が敷設された。

隠密作業を終えた一行は、ふたたびひそやかな足取りで現場から姿を消した。一行のひとりは関東軍高級参謀の河本大作《こうもとだいさく》大佐だった。河本の委嘱《いしょく》で爆薬の装置に当ったのは、朝鮮軍から増援に来た工兵第二十大隊の一中尉だったが、彼は河本をして「さすがは専門家だ」とうならせたほどの鮮やかな手際《てぎわ》で作業をやってのけた。そのほかに河本の命をうけて、爆破の計画と準備に当った独立守備隊第二大隊中隊長の東宮鉄《とうみやかね》男《お》大尉もこれに加わっていたに違いない。

河本は十時ごろ関東軍参謀の宿舎である瀋陽館に帰った。おりから河本以外の参謀はすべて宴会に出席のため出払っていたので、彼はひとり留守居をしていた司令部付の川越守二大尉を招いて、しんみりとよもやま話に花を咲かせた。そしてその席上で、かねてから河本の計画を察知し、参加を願っていた川越も、東宮に続いて彼らの同志的結合に加えられることになった。また河本は、郷里の兵庫県篠山にある最低評価額二万円の不動産を処分して三人に分配し、退役処分を受けたのちの生活の資にしようなどとも語るのであった。

河本は資産家の生れだけあって、容貌や体軀には軍人離れのしたスマートなところがあり、若いときから金に不自由しなかったので、陸軍省の人事当局が目をつけるほどの豪遊をやり、気が向けば田舎芸者に小唄を教えてやるような粋筋《いきすじ》の一面があった。それでいて心の奥底にはいつでも炎のような野望がふつふつと燃えたぎり、陸軍当局の軟弱さを鋭く批判し、きらいな相手と見れば歯に衣《きぬ》を着せずに痛罵するような豪放さと、切れ味のよい頭脳の持主だった。だからこのような面からも人事当局からは敬遠されがちで、れっきとした陸軍大学校出身でありながら、大隊長という中間職を二ヵ所もたらいまわしされるような異例の措置にもあまんじなければならなかった。このような、いわば外柔内剛型の河本は、ここに東宮と川越を脇役として、張作《ちょうさく》霖《りん》爆殺という大芝居の主役にせりあがろうとしたのである。

郭松齢《かくしょうれい》事件に際しては、中央部の方針に反してまで「援張」を独断専行した関東軍だったが、今度は「張爆殺」に一転したのはなぜか。それは関東軍司令官さえもあずかりしらぬ、一参謀だけの「独走」であったのか。

張作霖を脅かす北伐

白川関東軍司令官の支援によって、土壇場で逆転勝利をつかんだ張作霖は、大正十五年（一九二六年）四月、奉天軍を率いて意気高らかに北京に入り、昨日の敵呉佩孚《ごはいふ》と会見して協力を決定し、華北の政・軍権は張・呉両者の手に握られた。

しかしこの連合政権の前途は、はじめから不安にみちていた。というのは、南方では革命の父孫文《そんぶん》はすでに前年に世を去っていたが、彼の残した国民党が、彼の遺志にしたがって蔣介石《しょうかいせき》の統率下に国民革命軍を組織し、大正十五年七月北伐《ほくばつ》（北方軍閥討伐を目ざす統一戦争）を開始して、随所に北軍を撃破しつつあったし、軍閥混戦に倦《あ》いた中国人民は歓呼してこれを迎えたからである。呉佩孚・孫伝芳・張宗昌《ちょうそうしょう》らの華北軍閥将領は、張作霖を総司令に推して安国軍を結成し、防戦につとめたが、南軍の進撃をささえることはできなかった。

そうなりながらも張作霖は、翌昭和二年（一九二七年）六月大元帥に就任し、その後満一ヵ年の間、北京を保つことができた。それはひとえに国民党の内紛により、北伐が一時中止されたからであった。北伐が開始されたときその国民党は、大正十三年（一九二四年）に孫文が「連露容共」政策にふみきったときそのままの状態で、内部に多くの共産党員を含み、彼らが国民党左派との連携のもとに、党の主導権を握っていた。だから北伐の進展は、同時にその占拠地帯に強烈な労働運動と反帝運動とを展開させ、そのあげくは昭和二年三月「南京《ナンキン》事件」の発生となって、同地の日英米仏伊各国居留民を殺傷し、その財産を奪うこととなり、翌月には漢口と上海《シャンハイ》で、より小規模な類似事件の勃発をまねいた。これらはいずれも、歴史的な排英・排日運動とされている大正十四年（一九二五年）の五・三〇運動に触発されたものだが、それらを通

安国軍総司令張作霖

じて示された中共そしてコミンテルンの指導力に、誰にもまして大きな脅威を感じていたのは、国民革命軍総司令の蔣介石自身であった。彼は、のちに（昭和二年十二月）浙江《せっこう》財閥宋家の娘、宋美齢《そうびれい》と結婚したことが象徴するように、民族資本家層との提携を行ないつつあったのである。そこで彼は大正十五年の春から決意して反共にふみきり、翌昭和二年四月十二日には上海を中心にクーデタを行なって共産分子を駆逐《くちく》し、十八日には従来の武漢の国民政府とは別に、南京に反共的な国民政府をつくった。

ところが、六月になって、武漢政府の内部に動揺が起った。そこでは国民党左派の領袖汪精衛《おうせいえい》が反共転向を行なったのをはじめとして、唐生智《とうせいち》、何鍵《かけん》らもこれにならい、中共側もこれに対してコミンテルンの七月決議にしたがい、いわゆる示威退出を行なって、武漢政府から離脱していった。こうして、八月には第一次国共合作（国民党と中共との提携）の線が完全に破れて、逆に武漢・南京両国民政府合体の気運が熟した。

一方、南京政府樹立後の蔣介石の前途もなお多難であった。彼は内紛以来中止されていた北伐を五月に再開したが、武漢軍に背後を脅かされたり、ソ連から帰って河南《かなん》省にいた馮玉祥《ふうぎょくしょう》の積極的協力が得られなかったりで、たちまち苦境におちいり、あげくのはては徐州《じょしゅう》で北方の孫伝芳・張宗昌の連合軍から反撃を受けて南京への退却を余儀なくされ、さんざんのありさまだった。しかも南京政府要人中で彼の唯一の頼みであった李宗仁《りそうじん》らの広西《こうせい》派さえ、彼を支援しなかったばかりか、武漢政府との合体実現のためには、彼が総司令の地位にあることが、かえってさわりになると主張した。そこで蔣介石は八月十三日、やむなく下野を声明して、日本を訪れた。

やがて九月に入り、ともかくも両政府の合体は実現されたが、内部では派閥闘争がくりかえされ、そのうえこの政権が民族資本家層の支持獲得に失敗したことが、その成長をはばみ、北伐も中止同然の姿となった。そこですでに民族資本家たちと結んでいた蔣介石に対する再出馬要望の声は意外に早くあげられ、蔣介石もこれに応じて日本から帰国し、昭和三年一月七日国民革命軍総司令に復帰した。そして四月に全国統一をめざして宿願の北伐を再開し、そのご進撃を続けて、五月には早くも北方張作霖との間に最後の決戦が展開される日も近いことを思わせた。

険悪化する日中関係

このような中国の情勢に対して、日本側の態度はどのようなものであったか。張作霖は大正十一年（一九二二年）の第一次奉直《ほうちょく》戦争の後、急激に軍事費を膨張させ、年々最小限度金貨で五千万円から八千万円をそのために消費したが、この金額は奉天省歳入の総額あるいはそれ以上に相当した。当時の満州貿易は大豆、高粱《コーリヤン》、米、粟などの特産品輸出増加のため、大正九年（一九二〇年）以後七年間の年平均出超額は三千五百万円に達し、それらの貿易余剰のほとんど全部が奉天軍閥の軍費財源として横領された。だから最小限五千万円の軍費のうち、三千五百万円はこの貿易余剰でまかなえる勘定であるが、それでもなお千五百万円が不足した。いずれにしても奉天省財政が軍費過重のため、巨額の不足を生じた結果、不足額捻出《ねんしゅつ》策として、官銀号（地方官金の出納、紙幣発行、政府への貸金等を扱う前近代的な銀行）の特産品買占が行なわれたり、紙幣（奉票）を乱発してその暴落を招いたり、「不当課税」が行なわれたり、奉天省内の地方官吏の給料不足のため、間接に朝鮮人を圧迫したりした。

このような「不当課税」その他の奉天軍閥の悪政にくわえて、大正十四年から中国人商人による綿糸布などの日本商品の輸入量が激増したので、奉天在住の日本商人は、その取扱高がたとえば昭和二年には前年度の三割から四割減、商品によっては五割減となり、かなり苦境に追いこまれたのである。また張作霖は、満州における自己の権力を確立する過程で、しだいに今までの対日依存から自主独立に脱皮していったので、日中両国の間には数えきれないほどの難問を発生させた。たとえば、明治三十八年（一九〇五年）の北京会議での約束を楯に行なわれた日本の再三の抗議にもかかわらず、張は昭和二年に満鉄並行線である打通線（打虎山《だこさん》～通遼《つうりょう》）と吉海線（吉林《きつりん》～海竜）を敷設して、満鉄の繁栄をうばおうとした。奉天省帽児山《ぼうじざん》に領事分館を設けようという日本の申入れも拒絶した。日本人経営の奉天の漢字新聞『盛京時報』の発行も禁止した。

こうして満州での日中関係が険悪化するにつれて、在留日本人は張作霖による既得権益の侵害を叫びたて、同時に日本内地の世論も硬化した。またこのような日本側の硬化はすぐさま中国側にはね返って、奉天では東三省外交後援会を中心に排日運動の嵐が吹きすさび、昭和二年九月四日には約二万人の学生と商工業者がデモを行ない、「打倒田中内閣」「打倒帝国主義」「取消二十一箇条」を叫び、排日宣伝ビラをまいた。その勢いは、さすがの張作霖が「示威運動厳禁命令」を出さなければならないほど強烈であった。

混迷する田中外交

一方、日本では、若槻礼次郎《わかつきれいじろう》の憲政会内閣にかわって、退役陸軍大将の田中義一《ぎいち》が政友会総裁として組閣したのは昭和二年四月二十日のことであった。同時に外相幣原《しではら》喜重郎《きじゅうろう》の協調外交が退陣して、新内閣では田中首相が外相を兼ね、政友会の実力者森恪《つとむ》に外務政務次官のイスが与えられた。若槻内閣倒壊の理由は、金融恐慌の処理に失敗したことのほかに、中国問題に対して幣原外交が行きづまりを呈したということなので、当然新内閣に対しては対華強硬外交がある方面からは期待され、また別の方面からは危惧《きぐ》された。

田中の対中国外交の最初の試金石は二回にわたる山東《さんとう》出兵だった。第一回は昭和二年、第二回は翌年に、いずれも北伐に対して、居留民保護の名のもとに若干の兵力を山東省済南《さいなん》に派遣したのである。そして第一回では、蔣介石の下野、北伐の事実上の停止とともに兵力を引き揚げ、政略出兵の典型といってもよいほどの手際《てぎわ》を示したが、第二回には、ついに済南で蔣介石の南軍と日本の第六師団が衝突して「済南事件」を引き起し、しかも停戦成立後に、追いうちをかけるように強硬要求を中国側にたたきつけて、内外の不評を買った。

田中はまた、昭和二年六月二十七日から七月七日まで、外務省に外務本省、在外公館、植民地、陸海軍、大蔵省の中国問題担当官を集めて、鳴物《なりもの》入りで「東方会議」を開いた。この会議で日本の対華侵略のプログラムができあがったと内外で騒がれ、会議の結果を田中が天皇に上奏したときの『上奏文』と称する偽文書が、中国をはじめ諸外国で流布され、問題の種となった。しかし、外務省に現存する東方会議記録によれば、すくなくとも正式会議に関するかぎり、吉会線（吉林〜会寧）をはじめとする七本の鉄道網を日本の借款《しゃっかん》によって満蒙《まんもう》に張りめぐらすことと、満州の財政整理を日本人専門家に行なわせることの二件を、しかもいっこうに具体性をともなわずに論議したことが、少しばかり注目されるにすぎない。また七月七日の閉会の際に田中が行なった訓示は、『対支政策綱領』の名で呼ばれているが、これもそのなかに満州を中国本土から分離しようという意図が見えはするものの、その内容はきわめて抽象的である。

首相田中義一

だが、この会議の直前の六月一日に、関東軍が熱河《ねっか》特別区域を含む東三省に一長官を置いて自治を宣布させるという強硬方針を決定していることや、会議直後から吉田茂奉天総領事、芳《よし》沢《ざわ》謙吉《けんきち》公使などが、東方会議の決定にもとづくと称して、満蒙懸案解決に関する強硬な対華交渉を行なっていることから推すと、武藤信義《のぶよし》関東軍司令官をまじえた陰の会合の席上か、または八月に森恪がわざわざ出向いて、出先軍官憲とともに開催した旅順会議（大連《だいれん》会議ともいう）の際に東方会議の具体的な仕上げが行なわれたのではないかと思われる。いったい、山東出兵や東方会議を通じて田中を判断すると、彼は中国問題に対して、臆病かと思われるほどの慎重ぶりを発揮する一面があるのだが、結果的にはいつでも強硬論者の役割をはたしている。その点が田中は森恪に引きずられたと批判されるゆえんであり、たしかにそれには一面の真理があるのだが、やはり根本的には彼の外交に主体性がなかったことが指摘されなければならないだろう。

張作霖の将来性についての田中の判断にも一貫性がない。大正十五年に北伐が開始されたとき、田中は早くも張作霖に見切りをつけて、今後は楊宇霆《ようてい》支持に鞍《くら》がえしたらという意見を中国にいる公館長に打電して、現地から反対された。ところが昭和三年になり、彼は張作霖支持に変った。そのことは、おそらくこの年の五月に張作霖が今までの最大懸案であった満蒙五鉄道（一一六ページ参照）建設契約に対し、山本条太郎《じょうたろう》満鉄総裁の要求をいれて、遂に調印したことと関連があるのだろう。

張へ関外引揚げを勧告

こうして田中外交が混迷を続けているとき、関東軍ではもう完全に張作霖を見限っていた。昭和三年四月二十日に関東軍は、参謀長斎藤恒《さいとうひさし》少将の名で陸軍中央部に対し、「帝国政府は関内の戦乱の余波を満州に波及させないため、適宜自衛手段をとるであろう」ということを奉天軍敗退以前に声明しておいた方がよい、そして奉天軍またば南方革命軍の武装軍隊が、この声明を無視して関外に侵入してくることを予知したならば、関東軍は機を失せず、駐劄《ちゆうさつ》師団の主力を山海関《さんかいかん》または錦州《きんしゆう》付近に進め、それが両軍のどちらであるかにかかわりなく、武力を用いていっさいその侵入を阻止し、必要とあれば武装解除を行なったのちにその通過を許可することにしたい、と具《ぐ》申《しん》した。

関東軍の意図は、もちろん一方的に奉天軍を武装解除し、張作霖を下野させることにあったのだが、あからさまにそういったのでは中央部を納得させるわけにいかない。そこでこの強烈な意図を厳正中立というオブラートでくるむことによって、中央部を引きずろうとしたのである。

五月中旬になると、張作霖は北伐軍を迎えうつ決意であったが、その敗北はもはや時間の問題となった。そこで日本政府は十五日の閣議で、この事態についての根本方策を論議した。閣僚一同は、今や満州に関し重大決意を必要とする段階であることを異議なく認めたものの、その具体的手段についてはなにも決定することができなかった。翌十六日にさらに閣議が開かれて討議をかさね、ようやく『満州地方の治安維持に関する措置案』を決定し、即刻張作霖と蔣介石《しょうかいせき》（蔣を通じて馮玉祥《ふうぎょくしょう》にも）に対し、次の覚書を交付することになった。

永年に亘《わた》る支那戦乱の結果、一般国民の生活は極度の不安と困憊《こんぱい》とに陥り、支那居留外国人亦《また》居に安んじ、業に従うに由なき状況に在るを以て、戦乱が一日も速《すみやか》に終熄《しゅうそく》し、統一せる和平の支那を見るに至らんことは、外支人の均しく熱望するところにして、殊に支那の隣邦として利害関係深き帝国の翹望《ぎょうぼう》して措かざるところなり。然るに戦乱今や京津地方に波及せんとし、満州の地も亦将《まさ》に其影響を蒙らんとする虞《おそれ》あるに至りしが、抑々《そもそも》満州の治安維持は帝国の最も重視するところにして、苟《いやしく》も同地方の治安を紊《みだ》し、若《もし》くは之を紊すの原因を為すが如き事態の発生は、帝国政府の極力阻止せんとするところなるが故に、戦乱が平津地方に進展し、其禍乱《からん》満州に及ばんとする場合には、帝国政府としては満州治安維持の為、適当にして且有効なる措置を採らざるを得ざることあるべし。然《しか》れども交戦者に対し、厳正中立の態度を持すべき帝国政府の方針に至っては、固《もと》より何等《なんら》変改なき次第なるが故に、右の措置に出づる場合に於ても、其時機と方法とに就ては両者に対し、何等不公平なる結果を生ずるに至らざる様、周到の注意を払うの用意あることを確言す。

またこの『措置案』のなかで、「もし奉天軍が早期に軍を引き揚げ、随意退却により南軍と離隔し、秩序よく関外に撤退する場合には、治安維持上さしつかえなければ必ずしも武装解除を必要としない。ただし南軍の関外進入は、たとえそれがどのような形で行なわれようと絶対に阻止する」ということも決定された。つまり政府は関東軍と同様に、厳正中立主義にもとづく両軍の武装解除というオブラートを用意した。だがそのなかには、関東軍とはうらはらに、張作霖とその率いる奉天軍とを、なろうことなら満州に無事帰還させ、そこで張に保境安民策――満州を華北から分離して統治する政策――を実施させよう、という意向をひそませていた。

覚書を含む十六日閣議決定の『措置案』は、即日北京の芳沢公使に打電された。芳沢は、翌十七日午後十一時張作霖をたずねて覚書を手交し、関外への即刻引揚げを勧告し、もし武装解除をまぬかれようとするなら、引揚げは一日も猶予《ゆうよ》できないと説明した。これに対し張作霖は、自分が失脚すれば満州は赤化し、ひいては日本に対する影響も大きいといって、芳沢を牽制《けんせい》した。また自分が去ったあとの北京で、もし馮玉祥のような者が政権の座につくのならば、「死すとも承認しがたし」ともいった。そして延々四時間にわたる芳沢の勧告にもかかわらず、ついにその日の折衝はものわかれに終った。しかしこのように厳しい日本側の勧告がある一方では、日に日に不利を告げる戦況の現実があり、息子の張学良《ちょうがくりょう》や、第一の部下楊宇霆《ようう てい》すら、五月二十三日に、公使館付武官建川美次《たてかわよしつぐ》少将の使として保定《ほ てい》に彼らを訪れた、張作霖顧問の浦澄江中佐に対し、関外撤退を即座に承諾してしまったのである。こうして張作霖の関外引揚げは、もはや彼一個の意志ではとうてい左右できないほどの現実性をおびることになった。

南方の国民政府に対しては、上海の矢田七太郎総領事が、十八日午前に覚書を交付した。覚書を受け取った黄郛《こうふ》も、同日午後矢田と会見した王正廷《おうせいてい》も、この覚書の内容について、まんざらでもない態度を示した、と矢田は報告している。また二十九日に国民政府は矢田に対して、この覚書への抗議文を手交したが、同時に口頭で、奉天軍が撤退さえすれば、国民軍には関外に進出の意志がないことを述べた。つまり国民政府は、北伐の前途についてはもはや十分の自信を持っており、また北京をおとしいれてから、この際さらに北上して、満州にまで攻めいろうとは考えていなかったのである。こうして覚書のなかに含まれる中央部の意図は達成されるかに見えた。

関東軍、独断出兵を決定

関東軍が、陸軍次官からの通報で『措置案』の内容を知ったのは、十八日午前二時だった。もちろんそれは彼らを十分に満足させるものではなかったが、彼らの四月二十日の意見具申が、ともかく額面どおりに取りあげられていることは事実なので、これにもとづいて錦州出動を断行しようと決意した。ただそこで問題なのは、今すぐに行動を開始するか、それとも奉勅《ほうちょく》命令（参謀総長が天皇の命令を奉じて出す命令）を受領したのちにはじめて実行に着手するか、という点だった。

元来陸軍には、明治三十三年（一九〇〇年）の義和団《ぎわだん》事件鎮圧を目的とする中国出兵のときから、国外出兵の場合は閣議での経費支出の承認と、奉勅命令の伝宣を必要とするという慣例があった。だが一方『陣中要務令』では、日本陸軍は上、軍司令官より、下、一兵にいたるまで、独断専行、機宜《きぎ》に応ずるための修養訓練が極度に要求され、いたずらに命令がくだるのを待って機を失するようなものは天皇の統率する軍隊の列に加えることができない、と教えている。そして、この矛盾する両者をどのように使いわけるかについては、陸軍部内でもはっきりした解答を持たなかったようである。

ところで満州駐屯の関東軍は、日本の租借地である関東州と、鉄道付属地の名でよばれる満鉄線路の両側、幅約六二メートルの帯状地帯では行動の自由が条約上認められていたが、たとえば錦州や山海関のように、そのいずれにも属していない地点に軍隊を出動させることは当然「国外出兵」であった。だからそれには奉勅命令の伝宣がなくてはならないともいえるし、山海関方面の事態が緊迫しているという解釈に立てば、奉勅命令の伝宣とは関係なしに錦州出動もできるのである。どちらも違法とはいえないが、前者は中央部への従順であり、後者は関東軍の自主尊重だ。当然、二者択一の問題がこの日の関東軍司令部をにぎわしたが、とにかくぐずぐずして奉天軍を捕えそこなっては一大事だし、それに十八日に出動準備を始めても、二十一日にならなければ錦州に出動できない状況だった。そこで断然軍の主力をすみやかに移動させることに決定した。後者の名分に軍配があげられたのである。

旅順にあった関東軍司令部は、この日から急にあわただしさを加えた。夜になっても各室には煌々《こうこう》と電灯がともされ、斎藤参謀長は「戦争だ。戦争だ」と口走りながら、いそがしそうに動きまわった。十八日午後四時、関東軍の駐劄師団である第十四師団と、朝鮮軍からはせさんじた混成第四十旅団（朝鮮軍が満州に出動するのは、やはり「国外出兵」だが、この旅団はそれを奉勅命令の伝宣なしにやった）に対し出動準備が命じられ、満鉄との間に軍隊の鉄道輸送に関する協定が結ばれた。翌十九日、第十四師団に対しては二十日にいったん奉天に集結後、続いて錦州への進出を、混成第四十旅団には二十一日の奉天集結をそれぞれ命令した。

地団駄を踏んだ関東軍

この報に接して外務当局は、対外関係の悪化を恐れて、京奉鉄道の使用と錦州出動は尚早だといって反対した。鈴木荘六《そうろく》参謀総長も、これについては政府の諒解を得る必要があることを認め、十九日午後零時二十五分、村岡長太郎《ちょうたろう》関東軍司令官あてに、関東軍の部隊を鉄道付属地以外に出動させることは別命あるまでさしひかえるようにと打電した。これを見て村岡軍司令官はおりかえし参謀総長に返電して、関内の状況、――ことに京奉鉄道の利用は実行に相当困難をともない、出動は今でも遅すぎるほどだ、と食いさがると同時に、とりあえず二十一日に予定した錦州進出を翌日に延期するように手配した。

田中首相は、この時点でもまだ張作霖の奉天帰還に期待をかけていたし、列国ことにアメリカの日本の行動に対する思惑にも神経質だった。しかし十六日の『措置案』のなかで、南・北両軍に対する公平な武装解除の実行を決定している以上、いずれはそれを天皇に上奏し、その裁可を得なければならない。十九日に田中は鈴木参謀総長と協議して、一応その日取りを二十一日と決定した。そこで鈴木はすぐに村岡軍司令官に対し、「二十一日に奉勅命令を伝宣することに決定したから、付属地外への出動はその後にするように」と打電し、一方、支那課長田代皖一郎《かんいちろう》大佐を現地に特派し、武装解除にあたって、北方勢力を温存することと、張作霖の下野を強制しないこととを伝えさせ、関東軍側を失望させた。

それでも、関東軍では二十一日の奉勅命令伝宣に即応できる態勢を整えようというわけで、翌二十二日、二十日以来出動部隊が続々集中しつつあった奉天に軍司令部を移動した。しかし期待の二十一日になっても奉勅命令は発せられなかった。関東軍は一刻も早くそれが発動されるようにと矢の催促を行なったが、田中は態度を変えようとしなかった。張作霖を下野させるところまではともかくとしても、関東軍の錦州進出には賛成だった参謀本部は、事態収拾のために五月二十九日に陸軍・外務両省の首脳者と会議を開いたが、そこでも関東軍の出動時期を決定することができなかった。そこで田中首相の最後の決断を求めることになり、三十一日、外務省の有田八郎アジア局長と陸軍省の阿部信行《のぶゆき》軍務局長が、おりから修善寺に静養中の田中を訪れたが、ついにここでも田中は出兵延期を主張するだけだった。

こうして関東軍の意図はついえ去った。関東軍は一度は独断出兵を決意しながら、奉勅命令伝宣の可能性があると判断してからその方針を棄てた。結果的には田中首相の巧妙ともいえる引延し策に乗ぜられて地団駄《じだんだ》を踏んだが、すべては後の祭だった。当時の関東軍に認められる奉勅命令に対するこだわりを、たとえば満州事変のときにあらわれる、のちの関東軍のそれとを比較してみると、両者の間にかなり大きな開きがあることは十分に注目の必要があるだろう。

河本大佐の計画と決意

関東軍の河本高級参謀は、昭和二年十二月のはじめごろから張作霖殺害の野望をいだいていたようである。そして彼はひとつのテストケースとして、昭和三年のはじめ、川越守二大尉や北満の馬賊の頭領中野某とはかり、一ヵ月間隔で東支鉄道の東部線と西部線の鉄橋を爆破した（ただし列車には被害を与えなかった）。彼らのおもな意図は、これによって、中国、ソ連そして日本の反響を観察しようというのだった。はたして爆破の翌日からそれらの国々の新聞はいっせいにこれに関する記事をのせたが、東部線のときには、ハルビンの張作相または白系露人が張作霖の悪政に反抗してやったのだと述べられており、西部線のときは、チチハルの呉俊陞《ごしゅんしょう》のしわざだなどとも論じられたが、日本人または日本軍に嫌疑をかけたものはひとつもなかった。これをみて河本らは、反張作霖分子が意外に多いことを知ると同時に、張作霖を殺して中国人の犯行に偽装することも不可能ではないと判断した。

五月のなかばごろ、大石橋で石炭と滑石《かっせき》の販売をやっていた伊藤謙三郎という男が関東軍の斎藤参謀長を訪れ、このさい激烈な方法で局面打開をはかる必要があると進言した。しかし斎藤があまり乗気でないので、さらに河本参謀をたずね、時局に対する決意をただしたところが、彼は「国家のためなら腹を切る覚悟もある」と答えた。さらに伊藤は、張作霖のかわりに呉俊陞を満州に擁立する計画をうちあけ、河本の賛成を得た。そこで彼は張作霖の奉天帰還を六月十四日ごろと見込み、何らかの方法による殺害計画を進めていたところ、急に六月三日に帰還期日が早められたので、あわてて呉俊陞に旗揚げを勧めたが、相手にされず、この計画は流れた。伊藤の言によれば、呉俊陞や張景恵《ちょうけいけい》の諒解もとりつけてあったというのだが、それはあてにならない。

そこで伊藤は第二次計画として、張作霖の列車を満鉄・京奉両線のクロス地点で爆破することを河本に進言した。河本はそのさい金は出せないといったが、爆破をやるとすれば、中国人を四、五名雇い入れることが必要だともらしたので、伊藤はその周《しゅう》旋《せん》を引き受けた。雇入れは伊藤の依頼で、元吉林軍馬営長をしていて、当時奉天付属地遊廓出資匿名組合の一員だった劉戴明の手で行なわれた。それは劉の元部下でモルヒネ患者のならず者二名と王某の合計三名だった。彼らは百円ないし百五十円を与えられ、六月三日早朝入浴と散髪をすませ、サッパリした衣服に着かえさせられ、伊藤のところに運ばれたが、その間に王某は逃亡してしまった。伊藤らは残った二名に対し、列車爆破のために爆弾を投げるのがその役割だということを告げ、三通の手紙を持たせた。そのうち二通は劉が書いた偽の南方側の爆破命令であり、他の一通は当時国民政府の任命する直隷《ちょくれい》・山東・河南三省の招撫使であり、満州で何事か画策中で注目されていた凌印清のネーム入りの便箋に何者かが書いた密書であった。のちの調査によれば、この便箋は多分日本浪人と交わりのあった王清一という男が凌のところから盗みだしたものだというが、筆蹟は凌のでも劉のでもなく、さりとて王のものでもなかった。要するに筆者不明の一通だった。

このように準備を整えたうえで、両名は瀋陽館で河本に引き渡され、河本はこれを自動車で現場に送った。そして東宮大尉の命令で両名は日本兵のために刺殺され、かねて用意された爆弾を抱かされて、その屍は関東軍謀略の偽装用品として現場に遺棄された。

「矢は弦を放れた」

張作霖にとって、奉天引揚げはもちろん不本意であったが、戦況の現実と日本のかたい決意をみては、もはや北京残留は不可能と悟った。六月一日午後、張作霖は諸外国の北京駐在使節を招いて別離のことばを述べ、三日早朝最後の大元帥としての威儀を整え、軍楽隊の吹奏のうちに特別列車で北京をあとにした。

張の北京出発を見とどけた竹下義晴中佐は、すぐさま関東軍司令部に対し、張作霖がその第五夫人を七両編成の特別列車で先発させてから五、六時間おいて、二十両編成の列車（四列車に分割）を仕立て、日本人顧問の町野《まちの》武馬《たけま》と儀峨《ぎが》誠也《せいや》少佐をともない、奉天に向け出発したと打電した。しばらくして山海関の石野芳男大尉から、第五夫人列車の同地通過が報じられた。竹下も石野も、特にこの諜報任務のために北京と山海関に特派されていたのであった。また天津軍（支那駐屯軍の通称）司令部からも、張作霖列車の天津通過と、町野顧問が同地で途中下車したことを伝えてきた。いよいよ張作霖は、何が彼を待ち受けるかを知るよしもなく、ひたすら華北放棄の感慨にとざされながら、刻一刻爆破地点に近づいていった。

そのころ川越大尉は、東宮大尉が先発の第五夫人列車を張作霖列車だとかんちがいして、爆薬にスイッチを入れる危険があることに気づいた。そこで川越は現場に急行して東宮に対し、午後十一時ごろ通過するのは黄色七両編成の第五夫人列車であり、これに五、六時間遅れて、二十両編成コバルト色のが張作霖列車だと説明した。東宮はこれを諒解するとともに、すでに用意万端整い、中国人苦力《クーリー》二人を殺害して、その死体を現場付近に横たえ、その一人に南方側の密書を抱かせ、ロシア製爆弾をにぎらせて、爆破を彼らのしわざと見せかけるトリックを完了したと述べた。川越は帰りがけに自動車で瀋陽駅と奉天城内を巡視し、中国側歩哨の警戒が特に厳重ではないことを見とどけた。

やがて奉天の西北西約六〇キロの新民に派遣されていた神田泰之助・武田丈夫両中尉から、領事館の直通電話を利用して、第五夫人列車の通過状況が報じられた。政情不安定の中国では要人の旅行の場合、途中で列車の編成換えがよく行なわれたが、新民から奉天までの各駅は、どれもホームが短くて、その作業は不可能だった。したがって新民での監視がとくに重要視され、両中尉が特派されたのであった。

ついで山海関からも来電があって、張作霖列車がすでに同地を通過し、その奉天着は四日午前五時ないし六時ごろと見込まれ、張の部将呉俊陞と顧問の儀峨少佐同乗すると報告してきた。六月の満州では、午前五時といえば、もう夜が明けている。そうなっては「夜陰に乗じて……」という当初の計画とくいちがう。川越は河本と相談の上、ふたたび自動車を東宮のところに走らせて、夜が明けても決行するかどうかをたしかめた。東宮はただ一言「矢は弦を放れている」といった。川越はこれに満足し、帰りにもういちど瀋陽駅と奉天城内を巡察して、中国側の警備状況が前回と同様であることをたしかめてから瀋陽館にもどり、河本に報告の上、寝室に入った。

六月四日、関東軍司令部

明ければ六月四日午前五時二十三分、現場方向からドカンという一発の爆音が鳴りひびき、バリバリという数十発の機銃音がこれに続いた。それはだれの耳にもただならぬ物音だったが、ことに奉天の関東軍首脳部は、これを聞いて各人各様の思いが脳裡をかすめた。爆音に暁の夢を破られて、

「やったな」

と直感したのは、おそらく関東軍司令官の村岡長太郎中将と、参謀長の斎藤恒少将だっただろう。彼らは今回の謀略については完全に埒外《らちがい》におかれていたが、この直前から河本参謀のあわただしい動きや、林久治郎《きゅうじろう》奉天総領事の「軍が張作霖殺害を企てている」という抗議めいた情報提供などを通じて、謀略のあらましについては感づいていたにちがいない。それに彼らにしても、日本にとって張作霖の存在はもはや有害

張作霖爆死の現場

無益だという結論に達しており、このさい満州に引き揚げようとする奉天軍を、山海関または錦州で関東軍が武装解除し、張作霖の下野を実現しようとまで、いったんは決意したのである。張作霖の爆殺は、その下野計画が主として田中首相の反対でお流れとなり、いわばその代案として河本が画策した非常手段なのだから、河本とその二人の上官の間には、これに関する暗黙の了解があった、と見るのが正しいだろう。

「うまくいったらしいぞ」

と胸をおどらせたのは、もちろん河本と川越だった。

寝耳に水だったのは役山政義参謀である。彼は狸寝入りをしている川越の部屋にとびこみ、

「君はあの大きな爆音を知らんで寝ているるの

か。あの機関銃の音はシナ側のだろう。君は軍司令官に御報告して、非常呼集をお願いしろ」

とどなった。川越が軍司令官の寝室に行って、そのとおり具申すると、村岡軍司令官はただ一言「よし」と答えた。その辺にも村岡の心中深く期するところのあったことがうかがえる（ただし非常呼集はまもなく銃声がやんだので解かれた）。

張作霖爆死

現場における爆破作業の手際はあざやかだった。東宮大尉は、ねらいあやまたず張作霖の乗る展望車と、これに続く食堂車の中間に爆薬を炸裂させ、火災をひき起した。展望車は車輪と床だけを残して屋根や窓はすべて飛び散り、一見難破船のようなみじめな姿をとどめた。しかし爆発時の列車速度が一〇キロ以下の緩速だったため、車両は横倒しにもならず、後車が乗り上げることもなく、やや西南に傾いただけだった。張作霖は即死に近い重傷だったが、すばやく身柄は城内に引き取られ、たんに「負傷」と発表されただけで、十九日の死亡公表までいっさい他人を近づけなかった。それはこの事件が日中両軍の衝突を誘発することを恐れて、奉天省長蔵式毅《ぞうしきき》がとった機敏で賢明な処置だった。当日瀋陽駅には張作霖出迎えのため、日本軍人荒木五郎の率いる奉天軍模範隊と呉俊陞の黒竜江軍が対峙《たいじ》していたし、爆破直後、奉天側の警戒兵がしばらくではあったが、機銃を乱射した。同乗の呉俊陞は自軍の出迎えを目前にして即死した（彼も負傷と発表された）。儀峨少佐の私服はボロボロになったが、ふしぎに傷ひとつ負わず、軍服に着かえてから奉天特務機関に飛び込んで、「ひどいことをやるやつだ」といきまいた。

爆破された車両

関東軍側の「証言」

関東軍は各方面から疑惑の目で見られたが、あくまでも張作霖爆殺の犯行を否定した。たとえば六月七日には、斎藤参謀長の名で、畑英太郎《はたえいたろう》陸軍次官に対して次のような電報を打ち、陸軍部内に対してさえシラを切ったのである。いささか長文だが、当時の関東軍の態度をよく表わしているので、あえてその全文を掲げよう。

㈠　三日夜より四日朝に至るクロス点付近我守

備隊の警戒部署は当時便衣《べんい》隊《たい》潜入の噂ありしを以て、その兵員を長以下十六名に増加せるも、警戒方法は平素の方法と別に異る所なく、該分遣隊はクロス地点の南方約二百米鉄道橋堤上の分遣所（平素より貨物盗難等最も事故多き地点なり）に位置し、柳条溝・奉天駅間約四キロにわたる間を警戒する為線路巡察を派遣し、又クロス点付近の直接警戒の為、分遣所前展望台上に配置せる歩哨を以て、昼間は主として展望により、夜間は動哨により監視せしめたり。而《しか》して事件当時は既に天明なりしを以て、展望台上より監視しありたり。尚該クロス点の橋梁は長さ十メートル余の短橋にして、術工物として大なる価値なきを以て、日本軍としては、さまで大なる注意を払うの要なきも、支那側としては自国大元帥の通過する地点なるを以て、万一我軍よりその通過を差止めらるるが如きことなきやを恐れ（当時支那側は日本軍が武装解除を行わざるやにつき、非常に懸念しありたり）、該地点の警備を支那軍に委せられたきを懇望せり。依って日本軍側は強《しい》て之を斥《しりぞ》くる必要もなく、満鉄線上は我軍に於て警戒し、其下方即ち京奉線の通ずる区域は支那軍之に任ずることに申合せたり。当時支那側は日本側の好意を感謝し、大いに安心したるが、なお日支両国兵が相近接して位置せる関係上、夜間等に於て事故を生ぜざるやをおそれ、特に支那憲兵と面識ある我憲兵の派遣を請い、我憲兵は兵員過少なるにもかかわらず、特に三名を派遣し、彼此誤解を生ぜしめざる為、専ら我分遣隊と支那憲兵との間を往来し連絡に任じたり。

京奉線支那側の警備は皇姑屯《こうことん》・瀋陽駅間約一マイルに騎兵及憲兵約五十を配置し、クロス点には金中尉外数名の支那憲兵ありたり。而して爆破の行われたる部位は満鉄線橋梁の下方にして、支那側よりは目撃し得るも日本側としては堤防を下り、支那側の監視区域に立入るに非《あら》ざれば目撃し難き点なるを以て、支那軍監視者の存在せる以上、強て橋梁の下面を点検するの必要を認めざりき。

(二) 爆破の原因に就ては爆薬は相当の分量（少なくも二十キロ内外）のものと想像せらるるにつき、投擲《とうてき》せるものと認め難く、列車の上部に装着するか、或は橋梁の下面に装置せるものと認めあるが、もし橋梁の下面（ピーヤ）付近に装置せるものとせば、支那側警戒者と連絡あるか、あるいは支那側の警戒は事実至厳ならざりしを以て、其の間隙に乗ぜられたるか、いずれとも判定しがたく、橋梁上部に装置せるものにあらざることは、破壊後の状況に見るも明らかにして、結局支那側の監視すべき範囲内に属す。ちなみに張作霖列車の運行は尋常の運行法によらず、特異のものにして、ある時は速度を早め、ある時はこれを緩め、日本側にては到底その通過時間を知るに由なく、又張作霖の坐乗位置等も的確に知ることは不可能にして、当時日本側にては、いずれも三日夜十二時ないし二時ごろまでにはすでに通過を了したるものと想像しありて、よほど支那側、ことに張作霖の周囲と連絡ある者にあらざれば爆破を行い得ざる実情にあり。

(三) 当地日本人側において張作霖をにくめる関係上、日本人がやらせたるものならんなど、不謹慎なる言動を為す者あるが、この際、特に新聞の掲載記事検閲を励行せらるるよう、その筋と交渉願いたし。

この第三項の要請もあってか、新聞報道もまた「南軍便衣隊の所業か」と伝えた。

満州某重大事件の責任

しかし新聞は、同時に事件が日本の陰謀であることをにおわせ、「奉天の日支間雲行険悪」と報じた。そして関東軍の強弁はしだいに馬脚《ばきやく》をあらわすことになった。

たとえばその日の警備分担に関する中国側の主張は、中国側から三谷清憲兵分隊長に、中国憲兵もときどき鉄橋の上に登って連絡をとりたいと申し出たのに対し、三谷は一度これを承諾しながら、中国憲兵が三日夜現場に行こうとすると、急に軍司令官の命令だといって、これを拒絶したというのだった。爆薬が相当多量であったことは

東京朝日新聞
夕刊

奉天驛に近づける矢先
張氏の列車爆破さる
張作霖氏始め負傷多数
滿鐵陸橋も破壊さる

張作霖氏は顔面に微傷
一時は人事不省に陥る
同車の呉俊陞氏も負傷

怖るべき破壊力を有する
強力なる爆薬を埋設
南軍便衣隊の所業か
怪しき支那人捕はる

列車は無殘に粉碎され
慘たんたる爆破の現場
滿鐵、京奉兩線不通

事件を日本の陰謀となし
奉天の日支間雲行險惡
城内の邦人引揚げ始む

城内刻々危險迫る

孫軍殺到の情報に
大混亂の天津市街
目抜の商館閉店して
右往左往の避難民

張作霖氏遭難の地點（滿鐵陸橋下の京奉線×印）

張作霖爆死事件を伝える新聞（『東京朝日新聞』昭和３年６月５日夕刊）

事実だが、そうだからこそ中国側便衣隊などの手に負えるものでないというのが中国側のいい分だった。

偽装用の中国側浮浪人のうち、王某が逃亡したことは、関東軍にとって痛かった。当然彼には中国側の証人になる可能性があるからだ。また彼らを入浴させた風呂屋の主人が、殺された二人の顔を見て、当人にまちがいないと証言した。彼らが手にしていた爆弾は、おりから奉天に来ていた野党の民政党議員が調査した結果、奉天の三谷清憲兵隊長が同地の古道具屋で買ったものであることが判明して、議員たちが鬼の首をとったように喜んだ、という事実もあった。

九月になると、陸軍中央部は峯幸松憲兵司令官を特派して、関東軍各部隊保管の爆薬の出納状況を調査させた。犯行に使われた爆薬は、旅順工科学堂で火薬の講義を担当した川越大尉が、その実習用として関東軍兵器部から持ち出したものだが、つごうで実習は中止となったので、その調査は関東軍側にとってありがたくなかった。峯は関東軍から婉曲《えんきょく》に調査を拒否されてむなしく帰京したが、それが関東軍にとって不利な心証を中央部に与えたことはいうまでもない。

奉天の林総領事は、中国人浮浪人の刺殺の時日について、はじめ奉天特務機関や領事館警察が三日午後十一時ごろといっていたのに、あとになって軍司令部が四日午前三時半と発表したこと、警備の責任者である東宮大尉が、展望台で爆音を聞きながらすぐに現場にかけつけなかったことなどの容疑事実を指摘した。

こうして関東軍の頬かぶりは次々にはぎとられ、昭和三年九月二十二日と十月二十三日には、田中首相の命により、外務・陸軍両省と関東庁の責任者が外務省に集められて、事件の真相を追及されるまでになった。

同時に第三国側のこの事件に対する非難の声が高まり、日本の議会でも「満州某重大事件」の名のもとに内閣の責任が鋭く追及され、天皇もこれに関連して田中不信の意を表明されるようになって、ついに事態は田中内閣の総辞職に導かれるのである。張作霖支持者であった田中が、その意に反して行なわれた張爆殺によって失脚したことは、まことに皮肉であった。

事件後、昭和四年（一九二九年）五月十四日、責めを負わされて河本大作は退役処分となった。たしかに、張作霖爆殺の直接の責任は河本ひとりだったといえよう。しかしそれが、関東軍全体の主張した奉天軍武装解除、張作霖下野策の代案であり、村岡軍司令官や斎藤参謀長以下の幕僚の多くが、これに黙認を与えていたことから結論するならば、爆殺もほとんど全関東軍的規模で行なわれたといえるだろう。それに反し、田中首相をはじめとする閣僚はもちろんのこと、中に関東軍への同調者を含んでいたと考えられる参謀本部さえ、彼らなりに中国侵略の機会をうかがいながらも、関東軍の犯した爆殺の線に追随することができなかったのである。

第三章　満州の演出者たち

実行板垣、智謀石原

関東軍高級参謀河本大作大佐の後任には、奉天《ほうてん》駐屯歩兵第三十三連隊長板垣征四郎《いたがきせいしろう》大佐が赴任してきた。またこれよりさき、昭和三年（一九二八年）八月の定期異動で、石原莞爾《いしわらかんじ》中佐が陸軍大学校兵学教官から関東軍参謀に転じていた。石原中佐は緻密な頭脳を持つ陸軍部内唯一のプランメーカーであり、板垣大佐は石原ほどの鋭い分析と洞察の力はなかったようだが、そのかわり親分肌で、粘り強く、実行力もあった。いささか横紙破りの河本が去った後の関東軍参謀に、実行板垣、智謀石原といわれた二人のコンビが成立したことは、別の意味の危険が南満州に到来したという感じを与えた。

昭和四年（一九二九年）五月、板垣大佐着任と同じ月のうちに、関東軍情報会議が開かれた。そこでは、張作霖《ちょうさくりん》爆死後の満州情勢は、一度事が起れば全面的な軍事行動となる恐れがありそうなので、この際徹底的にその対策を研究する必要がある、という結論がうちだされた。その結果が、「対ソ作戦計画の研究」という名目で行なわれた北満参謀旅行であった。この旅行は異常な熱意のもとに行なわれた。

七月三日旅順を出発した一行は、長春、ハルビン、チチハル、ハイラル、満州里《マンチユリ》、泰来、洮南《とうなん》をまわり、各地でその地方の攻撃法を実地に則して研究し、旅順に帰ったのは同月十五日であった。泰来では洮南地方の作戦を研究したが、そのとき、参加の一大尉が想像を絶するこの方面の広漠とした平原をみて、「海洋のごとし」と報告し、石原もこのような広漠地の戦闘には海軍戦法を取り入れなければならないと語った、というような逸話も生れた。

参謀板垣征四郎大佐

また長春では、石原が三年間のドイツ留学の結論である『戦争史大観』を一同の前で講演した。その夜、宿舎名古屋ホテルの　室で、板垣が夜遅くまでかかって、その日の石原の講演の要旨を整理・記録しているのをみて、石原が大いに感激したという一幕などもあった。板垣は石原にとって軍の先輩だったが、そんなことにかかわりなく、彼は石原構想の熱心な支持者であり、石原も板垣の人柄と力量には深く傾倒していたのである。

やがて八月を迎えると、関東軍司令官村岡長太郎中将は張作霖爆殺事件にからんで待命となり、かわって畑英太郎《はたえいたろう》中将が着任した。そして十月には遼西地方（遼河西方地区）に参謀旅行が行なわれた。今度は板垣と石原のコンビのもとに、駐劄《ちゅうさつ》第十六師団幕僚が中心となり、対抗演習の形がとられた。そのほか奉天をはじめ新民、錦州《きんしゅう》、山海関《さんかいかん》西方地区でも実戦さながらの演習が行なわれた。このとき錦州では兵営などをくわしく偵察し、それがのちに満州事変で石原に錦州爆撃の確信をもたらした。

石原の世界最終戦論

石原は、彼が書いた『現在及将来に於ける日本の国防』から判断すると、遅くも昭和二年（一九二七年）には熱心な満蒙《まんもう》領有論者であった。そしてこの構想は、彼の精密なヨーロッパ戦史の研究と、熱烈な日蓮信仰とが生み出した、彼独得の世界最終戦論を裏づけとするものであった。

彼はまず「日蓮が撰時鈔《せんじしょう》に於て世界大平和の根本条件たる宗教、即ち人類信仰信念の統一が実顕せられる為め、先ず『前代未聞の大闘諍一閻浮提《だいとうじょういちえんぶだい》（人間世界の意味）に起るべし』と喝破した」ところの未曾有《みぞう》の大戦争発生の時期は刻々に迫りつつあると

参謀石原莞爾中佐

説く。そして戦史研究の帰結として、その最終戦の形態は、完全に徹底した殲滅《せんめつ》戦争であり、戦争体形も今までの線や面ではなくて体であり、戦闘単位は個人となって、全国民が戦争参加を要請されるようになると、そのすぐれた洞察力のほどを示す。そのようなとき、国情はほとんど行きづまり、人口・食糧その他重要な諸問題について、すべて解決の方法がないようにみえる日本は、満蒙を領有し、そこに朝鮮や台湾と同じように総督制をしくことによって、活路を見出し、同時に戦略態勢を整える必要がある。それはまた、元来漢民族の領土ではなく、その住民も漢民族よりは「大和民族」に近く、日本の勢力で治安維持を行なってはじめて急速な発展ができる。中国人による主権確立の困難な満蒙にとって、それは救いでもある。

　こうして日本は戦争を開始するのであるが、やがて列強、ことにアメリカの干渉が行なわれ、ついに事態は日米の決戦、つまり世界最終戦に導かれる。その時期は、㈠日本が完全に東洋文明の中心としての地位を占めること、㈡アメリカが完全に西洋文明の中心としての地位を占めること、㈢飛行機が無着陸で世界を一周できること、の三条件が完全にみたされたときである。これらの三条件は、ほとんど同速度で進行しつつあるので、それが完全にみたされるのも遠い将来ではない。

　これが世界最終戦になるまでの石原構想のあらましであるが、この戦争で必ず日本が勝利を占めるとは、さすがの石原もいっていない。「日蓮は其著『如来滅後五五百歳始観心本尊鈔』に於て宇宙根本霊体が世界平和の為め、大活動をなす場合を挙げて曰く『当《まさ》に知るべし、此四菩薩折伏を現ずる時は賢王と成って愚王を誡責し、摂受《しょうじゅ》を行《ぎょう》ずる時は僧となりて正法を弘持す』と。此賢王には即ち将来の世界戦に於て大日本天皇の位置を示し奉れるものなり。この威力は物質力の不足を補うて甚だ余りありと言うべし。此の霊妙なる統帥権の下に皇国の大理想に対する絶対的信仰を以て三軍を叱咤《しった》する将帥亦《また》必ず此重大なる時期に吾等軍人の間に生るべきを確信せざるを得ず」と述べ、また「太平洋を中心とする来るべき東西両文明の統一に於て、吾等は必勝此建国以来の大理想を世界に宣揚せざるべからざるは、単に自己の利益生存等の問題に非《あ》らずして、正しく世界人類を救済すべき偉大なる天職の為なり」とも主張して、ひたすら必勝の信念と、天職観の堅持とを強調しただけであった。

　論理と信仰、東洋と西洋とが適当の割合で調合されている石原構想は、この世界最終戦争論において、その魅力をいかんなく発揮した。極端にいえば、彼の存在はいつ、どこでも、ひとつの旋風をまき起さずにはいなかった。昭和二年、当時まだ一少佐にすぎなかった石原が、ドイツ留学を終え、シベリア鉄道経由でハルビンまで来たとき、羽織袴姿で悠然と下車する彼を迎えるために、数十人の日蓮宗信者が「南無妙法蓮華経」のノボリとともに駅頭に集まった、という。彼の魅力は、陸軍幼年学校、士官学校、陸軍大学校というその特殊な成育過程にもかかわらず、早くからその圏外にまで滲みでていたのである。

『関東軍満蒙領有計画』

石原は『関東軍満蒙領有計画』という一文を残した。そのなかで彼はまず、満蒙問題の解決は国内不安に悩む日本にとって唯一の活路であり、そのことは「帝国国軍」が同地方を領有することによってはじめて完全に達成される、と断言する。

行動開始の時期は、日本が対米戦争の準備ができたときであり、もしそのために対米戦争を誘発したならば、日本はアジアが封鎖されるという前提のもとに、中国本部の要所をも領有し、中国人の経済生活に潑溂《はつらつ》とした新生命を与えつつ、東亜の自給自足の道を確立し、長期戦を有利に指導して、目的を達成するのだ、という。彼によれば、対米持久戦で日本に勝利の公算がないと信じるのは、対米戦争の本質をわきまえない結果であって、ソ連の現状は日本に絶好の機会を与えつつある、ということになる。ソ連の第一次五ヵ年計画への没頭（この記述は昭和四年の彼の講演筆記によるものなので、前年末からの五ヵ年計画が引合いに出される結果になった）に関連してとられたこの国の徹底的な対外不干渉政策が、石原の頭のなかですでに計算済みであったのだ。

満蒙領有後の統治形態については総督制をとることとし、とにかくもっとも簡明な軍政をしくことによって治安を維持する以外には、つとめて干渉をさけ、日華鮮三民族の自由競争による発達を期するのであり、その結果、日本人は大規模な企業と知能的な事業に、朝鮮人は水田の開拓に、中国人は小商業と労働におのおのその能力を発揮し、共存共栄の実をあげるという、いささか自由競争、共存共栄の方針と背反するのではないかと思われる主張が展開される。国防としては、日本の約四個師団による対ソ配備が説かれた。

石原はこのような構想を胸にして関東軍司令部に着任した。そして内地がどのような情勢であろうと、関東軍は専心満蒙問題解決にうちこまなければならないという積極的意見を部内に説き、河本参謀とともに作戦計画の検討を幕僚会議に提案した。今まで幕僚間では奉天城攻略計画として、㈠奉天に兵力を集中する、㈡これを許さないときは渾河《こんが》北方地区に兵力を集中する、㈢やむをえないときは渾河南方地区に兵力を集結する、の三案が考えられていたが、このとき「いかなる場合でも奉天に兵力を集結して奉天城を攻略する」強攻策が採択された。

「あと二年」

石原は当時手薄だった関東軍を補強する意味で、有能な満鉄調査課に目をつけ、調査課長佐多弘治郎《さたこうじろう》、法制係松木俠、ロシア係宮崎正義《まさよし》を味方にひきいれ、これにいろいろな調査・研究についての全面的な協力を求めた。以来この三人は関東軍の有力な協力者・助言者となった。

また司令部付の佐久間亮三大尉は、前に述べた北満参謀旅行の途中で板垣・石原両参謀から占領地統治法の研究を命じられ、帰ってからは司令部内に一室をあてがわれて、約一年間まったく自由に研究に没頭した。

その間、関東軍では畑軍司令官が病死して、菱刈隆《ひしかりたか》中将がこれにかわったが、昭和五年（一九三〇年）九月に佐久間の研究は『満蒙に於ける占領地統治に関する研究』として完成した。三宅光治《みやけみつはる》参謀長は「立派なものができた。これが役に立つときが来ればよいがなあ」といって、判を押したが、石原は「これでよし。あと二年」と意味深長な笑みをもらした。

これで統治の原案ができたので、あとはその検討だ。翌昭和六年（一九三一年）一月から毎土曜日に研究会が開かれ、参謀全員のほかに調査班員の有志が加わり、八月に佐久間が内地の師団参謀として満州を去るころまで、それは続けられた。

昭和五年にも関東軍の戦術・戦法の現地研究が行なわれたが、このときは地味に、しかし具体的に奉天城や弓張嶺の攻撃と、東部国境方面の戦術についてのそれが行なわれた。ことに奉天では、城壁の破壊が爆薬でも砲撃でもなかなか困難なので、そのなかのもろい部分、こわれている部分の発見につとめ、その他要人の邸宅や周辺の致命的個所などの偵察が行なわれた。

ここまで述べてくれば、くだくだしく結論を述べるまでもあるまい。すくなくとも関東軍に関するかぎり、近い将来での満州事変の発生は、昭和三年の石原着任以来既定事実となり、しかもその方向にそって着々と準備が進められていたのである。あとは国内、満州、中国本土、そして第三国の動向にどのようにタイミングを合わせてスイッチを入れるかが問題となるだけであった。

「朝に対応の策なし」

関東軍以外に注目される現地の動きは、昭和三年十一月に満鉄理事小《こ》日《ひ》山直登《やまなおと》を理事長として結成された「満州青年連盟」のそれである。これはこの年の五月、大連新聞社が在満日本人に世論機関がないのと、日満関係のゆきづまりにかんがみて「満州青年議会」を設け、在満青年に呼びかけたのに始まる。

青年議会は同年春秋二回にわたって開かれ、いちおう青年の意気が示されたものの、これが模擬議会であったため、実行力のともなわない空論が多く、しかも既成議会と同様に党派的対立を生じたので、全満日本人の大同団結と実行のためにということで、十一月に青年議会を青年連盟に改組したのである。

青年連盟は「今や我等の聖地満蒙は危機に瀕す。この国家存亡の秋《とき》に当り、朝《ちょう》に対応の策なく、野《や》に国論の喚起なし。坐して現状を黙過せば、亡国の悲運祖国を覆うや必せり。是れ我等が起ちて、新満蒙政策確立運動を起す所以なり」（第一次宣言）という旗印をかかげ、連盟会議と称する各支部代表議員の大会と、連盟議会という名の全満青年代表の会議とを中心に推進され、事あるごとにかなり活発な動きをみせた。この青年連盟が在満日本人の強硬世論の結集にはたした役割は、かなり大きかった。

三月事件の波紋

一方東京では、昭和四年五月に「一夕会《いっせき》」なるものが生れた。これは陸軍士官学校十五期から二十五期までの、一騎当千《いっきとうせん》と思われる佐官級将校約四十名をメンバーとし、関東軍の板垣、石原はもとより、後に〝アジアのローレンス〟と綽名《あだな》された土肥《どい》原賢二《はらけんじ》もそのなかに含まれていた。

大正十年(一九二一年)十月、ドイツのバーデンバーデンで、陸軍士官学校十六期の三羽烏といわれる永田鉄山、小畑敏四郎《おばたとしろう》、岡村寧次《おかむらやすじ》が陸軍部内の長州閥打破を誓いあったのにはじまるといわれる同人会(別名「双葉会」)と、昭和三年十一月に発足し、さかんに満蒙論議に花を咲かせた俗称「国策研究会」とが合流して成立したという「一夕会」の系譜が、自然にこの会の姿勢を決定づけていた。

この会は同志的結合というより懇親を目的とするものであったが、それにしてもその第一回会合の席で、㈠陸軍人事の刷新と諸政策の推進、㈡満蒙問題の解決、㈢荒木《あらき》貞夫《さだお》、真崎甚三郎《まさきじんざぶろう》、林銑十郎《せんじゅうろう》の三将軍を中心とする〝正しい陸軍の建設〟とが申し合わせられたのである。

また昭和五年には、橋本欣五郎《きんごろう》、坂田義朗、樋口季一郎の三中佐を中心として「桜会」が結成された。この方は中佐以下の現役将校で〝私心なきもの〟をメンバーとし、国家改造を終局の目標にかかげ、必要とあれば武力行使も辞さないという、同志的結合であった。

そして翌昭和六年三月、桜会の橋本たち急進分子が計画した未発のクーデタが、いわゆる「三月事件」だった。彼らの一味で、満鉄関係の東亜経済調査局理事長であり、法学博士でもある大川周明《しゅうめい》を中心に、一万人の左翼・右翼混合部隊で議会にデモをかける一方、非常呼集の軍隊で議会を包囲し、その中で小磯国昭《こいそくにあき》・建川美次《たてかわよしつぐ》両少将のどちらかが数名の将校を率いて議場にのりこみ、現内閣の退陣と宇垣一成《うがきかずしげ》大将を首班とする内閣の実現をはかるのが彼らのねらいであった。ところが、肝心《かんじん》の宇垣がいよいよというときに政党側の切崩しにあってグラついたため、竜頭蛇尾の結末となった。しかし、事件発覚後に一人の責任者も出さなかったことや、将官級の老人連までが国家改造に色気をみせたことが、少壮将校たちに与えた自信のほどは大きく、将来における同種の事件の続発を暗示した。

張学良の日満合作案

中国では、張作霖が爆死してから五日後の昭和三年六月九日に国民革命軍が北京に入り、北伐《ほくばつ》を完成した。そして七月七日に、国民政府は、今まで列国との間に結んだ不平等条約の廃棄を宣言し、日本に対しては同月十九日、明治二十九年（一八九六年）に結ばれた日清通商条約の廃棄を一方的に通告してきた。いうまでもなく、これはしだいに高まる排日運動を背景に、国民政府が示した対日攻勢のひとつであった。

北伐完成後の満州では、誰が、どのような国民政府との関係において、張作霖の後継者となるかという問題でゴタついていた。張作霖の御曹子《おんぞうし》張学良《ちょうがくりょう》は、もちろん政権担当候補者の最右翼だった。しかし張作霖の幕僚で奉天省総参議の地位にいた楊宇霆も、松井石根《いわね》参謀本部情報部長・同七夫《ななお》元張作霖顧問兄弟と、その背後の大倉組に支持されて政権の座をねらっていた。楊はしきりに元張作霖部下の懐柔を行ない、蔣介石《しょうかいせき》とも連絡していると伝えられた。また満州の鉄道を握る交通総長常蔭槐《じょういんかい》の動きも、学良にとって油断ができなかった（昭和四年、学良は謀反罪の名で楊と常を銃殺した）。

この形勢をみて学良は、このさい日本と提携することが、満州の王者としての地位を確保し、同時にすでに長城線までせまってきた蔣介石の勢力から満州を守る唯一の道だと考えた。彼はある夜遅く、ひそかに荒木五郎を自邸に招いた。荒木は元陸軍軍人だが、その後「黄慕《こうぼ》」という中国人名を名のり、張作霖の求めに応じて奉天軍のなかに模範隊を編成し、率いていた。荒木を呼んだ学良はいきなり、㈠日満政治経済の全面的合作、㈡満鉄と満州四鉄道の合併、㈢満鉄付属地の撤廃、を条件とする日満合作を提案し、その工作費として日貨四億円の用立てを依頼して荒木を驚かせた。

荒木の手記によれば、彼はこのとき、この話をまともに受け取ったようである。中国要人と長年の交わりをもつ荒木のことだから、このときの彼の勘にはあまり狂いがないのかもしれない。しかしこのとき、一方では学良に対し、南方から十二分の圧力が加えられていたのだから、学良としては田中首相と蔣介石とに両天秤《りょうてんびん》をかけたつもりだったかもしれないし、またはじめからこれをたんに蔣介石とのかけひきに利用するだけの魂胆《こんたん》だったかもしれないのである。

張学良

それはともかく、話はすぐ荒木から村岡関東軍司令官に通じられて、村岡と学良とのひそかな会見となり、さらに旨を含んだ松岡洋《よう》右《すけ》満鉄副総裁の東京行きと、話は順調にはこばれたが、最後の段階で松岡の政府説得は難航した。おそらく田中首相としても、莫大な学良の要求額とにらみあわせて、この話の真実性を疑ったのであろう。

この間にも蔣介石は、学良の周辺にしきりにドルをばらまいて、執拗《しつよう》な懐柔工作を続け、同時に学良に対しては南方への服従をせまった。いつまでたってもにえきらない日本の態度にシビレをきらせたのか、それともここらが潮時《しおどき》と考えたのか、やがて学良は荒木に日満合作の中止を通告し、七月三日蔣介石から東三省《とうさんしょう》（吉林《きつりん》省・黒竜江《こくりゅうこう》省・奉天省）保安総司令のポストを与えられて、南方になびいた。

東三省易幟

その後の学良の対日態度は強硬いってんばりだった。そのことは、たとえば満蒙五鉄道問題に関する交渉についてもみられた。この敦化《とんか》～老道溝～図們《ともん》江江岸線、長春～大賚《だいらい》線、吉林～五常線、洮南～索倫《ソロン》線、延吉～海林線の満蒙五鉄道についての建設と借款の問題は、遠くその起源を日露戦争直後に発する日中両国間の懸案だが、東方会議（七六ページ参照）を契機として、日本はこの問題をふりかざして張作霖にせまり、昭和二年十月十五日、満鉄総裁山本条太郎と張の間に、五鉄道の建設を満鉄がうけおい、その代金を借款とする、という内容の密約が成立した。昭和三年、鉄道問題は具体的な点についての交渉に入ったが、張作霖側の複雑な内部事情のため、それはたちまちゆきづまった。しかし山本条太郎は、第二次北伐軍の攻撃を前に敗色濃厚な張作霖を北京《ペキン》にとらえて、強硬に調印を求め、五月十三日に延海線、洮索線、十五日に吉敦延長線、長大線の契約を成立させ、いずれも三ヵ月後には建設に着手することになった（吉五線は奉天で調印することにした）。

こうして日本が紆余曲折《うよきょくせつ》のあげくに凱歌をあげた鉄道問題だが、それに対して学良は七月十七日、張作霖が私印を用いて認めた鉄道借款は実現困難だ、と林久治郎《きゅうじろう》総領事に断言したのである。

このような学良の態度をみて、田中首相は学良に易幟《えきし》（今までの五色旗にかえて、国民政府の青天白日旗をかかげ、それへの服属を示すこと）の意志があるとみて、これを阻止するために、張作霖の葬儀に参列するという名目で林権助《ごんすけ》を特派大使として満州に送り、学良説得に当らせた。学良はこれに対する措置としていちおう易幟の三ヵ月延期を行なって、日本の攻勢緩和と、南方から有利な易幟の交換条件を引き出す期間に利用したが、やがて期限切れとともに、十二月二十九日易幟を断行し、満州の天地に青天白日旗がひるがえることになった。

またこれより先、十一月には、中国共産党満州省委員会が設けられ、同月五日に第一次対時局宣言を発表して満州の民衆に排日をよびかけ、不平等条約撤廃の方法として、組織あり計画ある直接行動に出ることを訴え、かつての漢口租界奪回の光栄ある運動を再現せよ、と唱えた。第二次山東出兵のときに起った済南事件以来、中国の排日運動はこうして激化の一路をたどった。

幣原再登場と佐分利公使の死

この情勢に対処して、ふたたび日本の外交の衝に当ったのが、幣原喜重郎《しではらきじゅうろう》であった。第二次幣原外交（浜口内閣、昭和四年七月成立）においても、輸出市場としての中国本土をより重視するという、その性格に変りはなかった。相変らず彼は内政不干渉と権益擁護とは一致するものだと説き、日中関係の枢軸《すうじく》を中国本土との貿易拡大に求めた（この点で、幣原外交の〝内政不干渉〟はけっして無条件のものではなかったことは、たとえば五・三〇事件あるいは関税特別会議でとった態度に端的にみることができるが、残念ながら本書ではそれに言及する余裕がない）。

幣原が就任後、最初に取り組まなければならなかった問題は、田中前内閣の遺産である、中国との通商条約改訂交渉であった。交渉は、日本国内における軍部勢力の抬頭、中国におけるいわゆるヤング・チャイニーズの進出と、それにともなう排日激化という背景のもとに、きわめて微妙な形で進められた。

そうこうするうちに昭和三年末に突然、張学良が中ソ共同管理下にあった東支鉄道の権利を強制回収したのを契機に、翌四年前半にかけて中ソ関係は悪化の一路をたどり、七月には国交を断絶し、行きつくところはついに八月からの武力衝突となった。この紛争の結末は、ソ連極東軍優勢のうちに、十二月双方の間でハバロフスク議定書が調印されて、戦闘の中止や東支鉄道の原状復帰などが申し合わされ、さらに昭和五年十月に両国はモスクワで正式会議を持ったが、中国による東支鉄道買収問題をめぐって双方の意見が対立し、そのまま翌年九月の満州事変勃発を迎える、という難航ぶりだった。

なぜこのとき、あまり成算もなさそうな学良がいきなりソ連に強圧を加えたのか、この行動をめぐる学良と蔣介石との関連はどうなのか、という問題はさておき、この事件が幣原の関税協定交渉（幣原は通商交渉のうち、まず関税協定交渉をとりあげた）に有利に作用したことはたしかだった。その結果、昭和五年五月六日、新関税協定が日中両国の間に結ばれ、おたがいに相手国の関税自主権（ただし中国の対日輸出品の約四割五分については、向う三年間を限り協定税率を採る）と、最恵国待遇の権利とを認めあった。こうして日本は、このときすでに中国の関税自主権を認めていた列国の後を追って、いちおう同様の措置をとったので、重光葵《しげみつまもる》代理公使は蔣介石と会見して、これにより日中関係に新紀元が画されたとして、喜びあった。

しかし交渉の最中に、幣原の大きな期待とともに中国に送られた佐分利《さぶり》貞男公使が、連絡のため一時帰朝中、昭和四年十一月二十九日の夜、箱根富士屋ホテルの一室で、今なお死因について推理小説的な興味がよせられているような、ピストルによる謎の死をとげた。

佐分利の後任として、日本が小幡酉吉《おばたゆうきち》を公使に任命したところ、国民政府が、小幡は日置《ひおき》公使の下で、かつての二十一ヵ条交渉のとき対華侵略外交に参画した、という理由でアグレマンを与えず、日本の面子《メンツ》はつぶされた。こうして関税協定交渉の陰には、梅雨空のような重苦しい空気がただよいはじめ、いたずらに日中両国人の不快度を高めた。

間島の反日暴動

このころ間島《かんとう》で朝鮮人の暴動が起った。間島は、満州の東部にあり、その南部は図們江をへだてて朝鮮と境を接し、東部はソ連領沿海州につらなる地帯であり、そこの住民の約八〇パーセントを、朝鮮人が占めていた。明治四十三年（一九一〇年）の日韓併合以来、日本はここに住む朝鮮人に、既得権である土地所有権のほかに、新しく帝国臣民として治外法権をも持たせようとしたので、中国との間にイザコザがたえなかった。

日本は朝鮮人をバック・アップすることによって、間島を満蒙進出の突破口にしようと考えていたのに、ここに住む朝鮮人の大部分は故郷を追われるようにして移住してきた貧農たちであり、彼らはしだいに反日運動に走るようになって、日本の意図とは逆に、彼らの存在がみずからの朝鮮統治に大きな脅威を与えるようになった。ことに共産系朝鮮人が間島で主導権を握ってからは、その取締り問題をめぐって、日本と中国はまことに微妙な立場におかれた。

昭和五年を迎え、間島の共産系朝鮮人は、五・三〇事件記念日を期して竜井村《りゅうせい》、頭道溝を中心に「打倒日本帝国主義」の暴動を起し、七月には敦化に波及した。このような中共の李立三《りりつさん》コースの都市攻撃方針は、九月には早くも左翼冒険主義としてその誤りを指摘され、李は党の指導的地位を失ったが、それにもかかわらず、間島の暴動は連鎖反応的に各地にひろがり、十月には最高潮に達した。これに対し日本は、領事館警察官を多数間島に送り、中国側も、間島の朝鮮人は中国に帰化しているという前提で、これにいささか行過ぎと思われるほどの大弾圧を加えて、ようやく暴動を抑えた。

暗礁に乗り上げた幣原外交

昭和五年春、山西省の閻錫山《えんしゃくざん》は、河南・山東・陝西《せんせい》三省を地盤とする馮玉祥《ふうぎょくしょう》や、広西省に拠る李宗仁と呼応して反蔣運動を起し、政府軍との戦いを開始した。このような内戦の発生は、もちろん中共にとって、国民政府の圧迫をはねのけ、再起をはかるための絶好のチャンスだった。そこで七月から八月にかけ、李立三指令下の七万余の紅軍は主要都市をめざす進撃を開始し、湖南省の長沙は七月末、彭徳懐《ほうとくかい》軍の攻撃をうけて陥落した。

そのとき、長沙のかたわらを流れる湘水の上には、日本の第一遣外艦隊の軍艦二隻が、英米伊三国の軍艦三隻とともに警戒にあたっており、これらは湖南省主席何鍵《かけん》の求めに応じて、中共軍との間に砲火をまじえた。また長沙にほどちかい漢口には日本の権益があり、居留民も多数いたので、政府はそこにも軍艦を増派したりした。

こうして幣原外交は、内からはロンドン軍縮条約問題にも関連して、政友会、軍部、民間右翼から〝軟弱外交〟のそしりをうけ、外からは複雑な中国問題の重圧が加えられて、しだいにゆきづまりの色を濃くした。

幣原は、アメリカ大使時代に、大使館員たちが、「狂犬の乗っている橋を夫婦そろって渡るにはどうしたらよいか」という謎に対して、「夫婦喧嘩は犬も食わぬ」のだから喧嘩しながら渡ればよい、という解き方を説明したところ、どうしてもそれを納得しなかったというエピソードが示すように、たしかにある意味での生《き》一本な合理主義者だった。しかしもはやそれも、堅実で合理的であるためのゆきづまりに苦しまなければならない破目におちいっていた。

そうしているうちにも日中関係は、満州を中心に刻々悪化していった。中国側が打通線（打虎山～通遼）、吉海線（吉林～海竜）を自力で建設したのに対して、これが明治三十八年（一九〇五年）の「日清間の満州に関する条約付属秘密協定」第三条によって禁止されている満鉄並行線である点を指摘して、日本は中国側に抗議したが、たしかにこの問題は日本にとって痛手だった。中国人の排日意識に加えて、銀建ての中国側運賃が金建ての満鉄運賃より格安だということもあって、満鉄の最大収入源である北満の大豆が、満鉄を回避して洮昂線～四洮線～打通線のルートにより南満に運ばれるようになった。また満鉄が財政難から土木工事をてびかえたことが、日本の土木会社を経営難

外務大臣幣原喜重郎

に追いやった。

このような形勢をみて、満州青年連盟は、満州の日本の権益がまったく危機に追いこまれているのに、母国の対満認識ははなはだ不十分だとして、その啓蒙のため、昭和六年七月に母国遊説隊を日本に送って気勢をあげたりした。そのような日本の態度はすぐ中国側に反映して、昭和六年二月には、遼寧《りょうねい》外交協会が日本の行動に対する抗議書を中国政府に提出し、三月には東北（満州）国民党本部成立大会が奉天で開かれ、以後この国民党組織を通じて排日気勢があおられた。幣原が取り組んだ鉄道交渉がなかなか思わしい発展ぶりを示さなかったのも、せんじつめれば、このような排日的民衆の下からの突上げがその原因であった。

日本国内では、昭和五年十一月に浜口首相が東京駅で民間右翼のために狙撃されて重傷を負い、一時やや快方に向ったものの、ふたたび病状が悪化したので、翌昭和六年四月に総辞職した。そしてこれにかわって、民政党新総裁若槻《わかつき》礼次郎の第二次内閣が四月十四日に成立した。幣原喜重郎は相変らず霞ヶ関の主人公であった。

彼は新内閣成立直後から、重光公使を通じて、治外法権撤廃問題に関して中国側との折衝を開始した。中国側は時に妥協的と見える態度を示すこともあったが、五月中旬からは国民会議の席上で、治外法権撤廃ばかりか、旅順・大連回収、満鉄回収、鉄道守備兵（関東軍）撤退までさけばれるほどの険悪な空気となり、交渉はまったく暗《あん》礁《しょう》に乗りあげた。

対満蒙方策の決定

陸軍中央部では、昭和六年六月十一日に、陸軍省の永田鉄山軍事課長、岡村寧次補任課長、参謀本部の山脇正隆《やまわきまさたか》編制動員課長、渡久雄《わたりひさお》欧米課長、重藤千秋《しげとうちあき》支那課長らが内密に委員に任命され、建川美次《たてかわよしつぐ》参謀本部作戦部長を委員長として、すでに参謀本部の手で立案ずみのこの年の『情勢判断』への対策を決定することになった。その後、たびたび会合が開かれて検討がかさねられ、早くも同月十九日に『対満蒙方策』の原案ができあがった。さらにそれはこの五課長会で検討が続けられ、『満州問題解決方策の大綱』と銘うつ成案ができあがった。

『情勢判断』の検討は、併行的に関東軍参謀部のなかでも行なわれ、七、八月ごろにその結論が出されているが、その方では、「満蒙問題解決」の時期について「直ちに着手するを要す」と鋭く短く規定しているのに対して、中央部の『大綱』では、向う一ヵ年隠忍自重し、まんいち紛争が生じたときは局部的に処理するにとどめる、と結論した。

五課長会は、引き続き研究のための会合をかさね、七月十七日には、八月三、四日に開催を予定する軍司令官・師団長会議席上での南次郎《みなみじろう》陸相の訓示案を決定した。そのなかで満蒙問題の重大化が強調され、しかもそれは永続的現象であると断定したうえで、ことさら軍人にむかって熱と誠が必要であることが述べられていた。八月四日の会議で、南陸相はこの訓示案にもとづいて口演し、その日の夕刊各紙にその内容が掲載されたとき、がぜん各方面に大反響を引き起した。ことに翌五日付の『東京朝日新聞』社説は、おそらくこの重大な満蒙時局観が閣議を経ていないだろうという点と、この訓示が危険きわまる暗示を含んでいる点とをあげて、痛烈に攻撃した。

それればかりか、政府与党である民政党もこれを攻撃したので、陸軍もすぐにこれに反駁し、政府対陸軍の泥仕合《どろじあい》が行なわれた。当時、政府は外に向っての幣原外交の行きづまりばかりでなく、内にも経費節減、行政機構改革、軍人恩給、翌年開催予定の軍縮会議等々の難問をあふれるばかりにかかえこんでいた。こうした政府・与党対陸軍の泥仕合も、要するに末期的政情のひとつの反映にすぎなかった。

「湖月」会議

こうして、南陸相の投げた一石が大きな波紋をえがきつつあったとき、陸軍部内では、この軍司令官・師団長会合の機会を利用して、ひとつの重要な会議を持った。会場としては、かつて日露戦争直前に陸軍の田中義一少佐、海軍の上泉徳弥中佐、外務省の本多熊太郎らが開戦の密議をこらしたといわれる、いわくつきの新橋烏森《からすもり》の料亭「湖月」が、ことさらに選ばれた。参会者は林銑十郎朝鮮軍司令官、新任の本庄繁関東軍司令官と真崎甚三郎台湾軍司令官のほかに、陸軍省からは杉山次官、小磯軍務局長、永田軍事課長、参謀本部からは二宮治重《にのみやはるしげ》次長、建川作戦部長、橋本虎之助情報部長、重藤支那課長、渡欧米課長など、いずれも当時の陸軍を代表する人たちであった。そのほか神田正種《まさたね》朝鮮軍参謀のように、軍司令官に随行して上京した血気さかんな連中も集まった。

その席で満蒙問題が論議され、小磯、永田から、中央の方針として、満蒙問題解決の目標を昭和十年（一九三五年）におき、それまでに国政革新＝国防国家体制の樹立と軍備拡張とを行ない、同時に軍が中心となって、満蒙問題解決の必要を国内に宣伝するであろうことを伝えた。この中央方針なるものと、前に述べた五課長会議決定の『満州問題解決方策の大綱』とを比較すると、ほとんど内容的に違いはない。ただ『大綱』では発動の時期を昭和七年（一九三二年）以後と規定しているのに対し、「湖月」会議ではそれを昭和十年と、より明確にしているにすぎない。

こうして陸軍中央部は、世上の論議をよそに、昭和十年を目標とするラインをうちだしたのであるが、それでもなおかつ、満蒙問題の即時解決、満蒙領有を主張する関東軍との間にはかなりのズレがあった。

中村大尉事件

このころ満州では、尖鋭的な対立感情をもつ日中両国民、そして日中両軍の間に大小無数の衝突事件が発生していたが、昭和六年六月末から七月にかけて起った中村大尉事件と万宝山《まんぽうざん》事件とにより、事態はより重大な段階に突入した。

中村大尉事件というのは、興安嶺《こうあんれい》方面に兵要地誌調査のため参謀本部から派遣された中村震太郎《しんたろう》大尉と、昂々渓《こうこうけい》で旅館をいとなむ井杉延太郎《のぶたろう》予備曹長とが、洮南と索倫の間で、六月二十七日屯墾軍第三団長関玉衡のために殺された事件であった。中村らは出発後十日間も行方不明になっていたので、日本側はその安否を気づかっていたが、やがて犯行にあたった屯墾軍団長の妾の一日本婦人が、主人から日本軍人殺害の話を聞き、驚いてチチハルの知人にこれを通知したのが日本人がこれを知るいとぐちとなった、といわれている。

七月下旬になってようやく事実を知った関東軍は、張学良を相手として事件を速決するには、武力使用を覚悟してとりかかるのが最短距離だ、と考えた。ことに石原参謀は、そもそも今日の満蒙問題の行きづまりは、外交交渉の無能ぶりから来ている、と考えていたので、中村事件交渉を総領事館にまかせないで、共同調査の援護を名目とする歩兵一個小隊の現地派遣を背景に、軍側が担当した方がよい、と唱えた。

調査に出発する中村大尉（左）と井杉予備曹長

結局、八月十七日から奉天の林総領事の手で交渉は開始されたが、中国側は頭から殺害の事実を否定してかかったので、関東軍の態度は硬化し、すぐに歩兵一個大隊を基幹とする部隊を洮索鉄道保障占領の目的で洮南に派遣することを外務側に提案した。しかし幣原はこれを認めず、相変らず林を通じての交渉が続けられた。中国側が殺害の事実を認めたのは、実に満州事変の発端をなす柳条湖《りゅうじょうこ》での鉄道爆破事件と同じ日の九月十八日のことであった。

万宝山事件は、さらにこれより大規模な問題である。

緊迫する万宝山事件

事件は昭和六年五月、長春西北方約三〇キロの万宝山付近の荒地に郝永徳以下約二百名の朝鮮人農民が入植し、水田耕作のため必要な用水路を地主に無断で開こうとしたところから始まった。しかもこの用水路工事が完成すると、その水源である伊通河に氾濫が起る危険があるということから、現地の中国農民がこれに反対してたちあがり、中国県政府も協力して郝以下十名の朝鮮人を逮捕した。

これをみて、田代重徳長春領事も領事館警察官を派遣して朝鮮人農民の保護にあたったので、はからずもここに北満の僻地での日中両国官憲にらみあいのシーンが現出された。

そして幣原外相の訓令のもとに、田代領事と長春の中国官憲、林久治郎奉天総領事と張作相吉林省主席との間で、それぞれ事態収拾の道が講じられつつあったとき、六月下旬いよいよ朝鮮人側が伊通河せき止め工事に着手したのを見て、七月一日、二日の両日にわたり、万宝山一帯の中国農民数百名が大挙して襲撃、工事阻止のための実力行使に出た。ことに二日には中国人たちは銃を発射したが、日本側警官も機関銃三挺さえすえて発砲した。さいわい双方に死者は出なかったものの、事態は重大化したのである。

しかしこの事件についての最大の問題は、このような現地でのもめごとよりも、これを理由として、朝鮮に住む中国人に対して朝鮮人が行なった報復行為だろう。騒ぎは七月三日仁川から始まり、京城、元山、新義州に広まり、五日夜平壌に波及したとき、事態はクライマックスに達した。彼らは手に手に凶器をもち、いれかわり立ちかわり中国人家屋を襲撃し、略奪、破壊、放火など、ありとあらゆる暴行を働き、中国人で殺された者百九人、負傷した者百六十人以上にのぼった。著者は学生時代、たまたま事件直後に夜の平壌を訪れたが、人っ子ひとりいない街頭に、武装警官の銃剣だけが無気味に光る光景を、今でも鮮やかに覚えている。

ところでこのような朝鮮人の行動は、七月二日付『朝鮮日報』号外にのせられた事実無根の記事に触発されたものであった。その号外には、万宝山で衝突事件が起り、多くの朝鮮人が惨殺された、と書かれていたのである。ところが十四日になり、『朝鮮日報』長春支局の金利三記者が、同紙に一文を掲げ、二日付号外の記事は、実は日本側機関から取材して自分が書いたものであり、死傷者を出したというのは、日本人と親日朝鮮人が飛ばしたデマであって事実ではない、と述べて、中朝両民族に対して謝罪したのである。しかも無気味なことに、金は翌十五日に朝鮮人のために暗殺された。

中国側は当然この問題をとらえて、排日運動を展開した。そして、いつもは日本政府は厳重に朝鮮人の群衆運動を取り締っているのに、今度にかぎり、秩序維持のための措置が緩慢だったのは、暗《あん》に日本側が朝鮮人をそそのかしたことを物語るのではないか、と非難した。日本のなかでさえ、『東京朝日新聞』などは、その社説で日本側の取締りの不備を指摘した。

結局、この問題は局地的解決が困難だったので、林奉天総領事と張学良、重光公使と国民政府の王正廷外交部長の次元に移されて、種々の折衝が行なわれた。しかし中国の世論がこのために憤激の度を高めたことはもちろんだが、日本のなかにも、今回の「朝鮮同胞」の蹶起《けっき》は万宝山事件に対する正当な義憤のあらわれであるとして、これを幣原の〝軟弱外交〟攻撃の道具とする向きもあり、交渉の順調な発展ははばまれた。刻一刻緊迫の色は濃さを加えたのである。

関東軍のひそかな準備

その間にも関東軍では、着々と具体的な準備を進めていた。奉天城攻略のためには巨砲が必要であることは、今までの偵察の結果、明らかであった。そこで中央部と折衝のあげく、二四サンチ榴弾砲二門を内地から運ぶことになった。神戸からの運搬にはわざわざ客船を選び、大連で陸揚げのときは、関東軍の兵器部部員や、旅順の重砲兵大隊からの援軍も、すべてシナ服を着て、現地の人夫をよそおって作業した。あいにくこのときは夜の短い真夏なので、中国人は夜ふかしをする者が多く、そのうえ彼らは寝苦しい夜を屋外に持ち出した寝台の上で過したりするので、彼らの目をごまかすことは非常にむずかしかった。だから砲身を箱でおおって、これをさる高官の柩《ひつぎ》だといったりした。

備砲の基礎作業は事前に行なわれた。まず直径約五メートル、深さ約一メートルにわたって土を掘らなければならないので、この方は水泳用のプールを作るのだ、とことさらに宣伝した。備砲を隠すのに必要な、一〇メートル四方、高さ七メートルのトタンぶきの小屋を作る作業は、毎晩十二時から午前三時を限って行なわれ、三日でしあげた。酷暑のなかの重労働なので、多くの夜盲症患者さえ発生するありさまだった。物見高い中国人がたかってくれば、石を投げて追いはらい、中国機が空中偵察に姿をあらわせば、撃墜の構えをみせて、その再来を断念させた。

また、いざという場合、歩兵でも大砲操作ができるように、守備隊歩兵にその教育を行ない、砲側にはあらかじめ目標ごとに目じるしをつけておき、実射の場合は、目じるしを目盛りに合わせさえすれば射弾が目標に命中するように準備した。いっさいの作業が終ってからは、これは陣地高射砲だと内外に説明したが、中国側はこれを怪しみ、間近に歩哨小屋を設けて、日夜監視を怠らなかった。この巨砲がのちの北大営《ほくだいえい》攻撃にどれだけ威力を発揮したかは、はかりしれない。

「深く期する所あり」

菱刈隆大将にかわって関東軍司令官に任命された本庄繁中将は、八月二十日旅順の軍司令部に着任した。九月一日には着任第一声として隷下一般に訓示を与えたが、その中には「本職深く期する所あり。精鋭なる我が将卒に信頼し、戮力《りくりよく》協心匪躬《ひきゆう》の節を効《いた》し、以てこの変局に処し、相偕《とも》に国運伸展の大業に寄与せんことを庶幾《こいねが》う」という注目すべき下《くだ》りが含まれていた。

一週間後の九月七日には旅順を出発し、大石橋、鞍山《あんざん》、連山関、奉天、鉄嶺、公主嶺、長春、さらに奉天、遼陽の各部隊を巡視し検閲して、十八日午後十時ごろ旅順に帰った。途中九月十三日、長春では独立守備隊に対して、次のような、これまた注目に値する訓示を与えた。

近時匪賊の跳梁甚しく、鉄道の運行を妨害し、剰《あまつさ》え我が付属地を窺うもの多きは、誠に寒心に堪えざる所なり。
　我が威武を軽視する是等不逞《ふてい》の徒輩に対しては、進んで断乎たる処置をとり、鉄道守備を完《まっと》うすると共に、帝国在留民の不安を一掃することを努むべし。

満州事変勃発

　本庄軍司令官が旅順の官邸に入ったのが、午後十時ごろだったことは前に書いたが、一行が大連に着いたのは午後八時だった。その間の約二時間は、途中野田画伯の家で、できあがった自分の肖像画を見るのについやされた。約十日間の巡視と巡検をとどこおりなく終えて一息ついた本庄は、午後十一時ごろ、電話が鳴り響くのを聞いた。

軍司令官本庄繁中将

　それは、今夜午後十時半ごろ奉天で日支両軍が衝突し、独断、独立守備隊と駐箚連隊に出動を命じた、という板垣参謀からの急報だった。板垣は軍司令官の巡視に同行したが、奉天の関東軍の空気緩和を目的として（ただしこれには異説がある）参謀本部から特派された建川作戦部長を出迎えるため、遼陽で一行と別れて奉天に急行し、事変の勃発に出合ったのであった。

旅順では、知らせを聞いて新井《あらい》匡夫《まさお》、武田寿、中野良次の各参謀、幕僚付の片倉《かたくら》衷《ただし》、調査班長竹下義晴の面々が続々参謀長官邸に集まった。誰もが軍服に着かえるひまがなく、和服の着流しのままだった。石原参謀はやや遅れて、軍服に身をかため、悠々として姿を現わした。そして一同に「和服などで何だ」と冗談めかしていったので、中野に「あなたも来かたが遅いじゃないか」とやり返された。

石原が遅れたのは、急報を聞いて、ひとまず軍司令官官舎に行き、遼陽の第二師団に対する奉天出動命令の決裁を受けてからやってきたためだった。そして参謀長官邸から遼陽に電話して、第二師団長にその命令を伝えた。

三宅参謀長以下一同は、やがて軍司令部に移り、午前零時本庄軍司令官をそこに迎え、本庄から「全線全関東軍出動、奉天軍攻撃」が命令され、軍司令官も奉天に出動と決定した。同時に林銑十郎朝鮮軍司令官に増援をも求めた。旅順の軍司令部が奉天に移動したのは、翌十九日午後二時のことであった。すべては石原を中心として驚くほど手際《てぎわ》よく行なわれた。

関東軍の謀略

昭和六年九月十九日午前一時七分、関東軍からの第一報が陸軍中央部に着いた。それは事変の発端を次のように報告していたが、この電文の行間から事の真相をとらえることができた者が、中央部にも少なくなかったはずである。

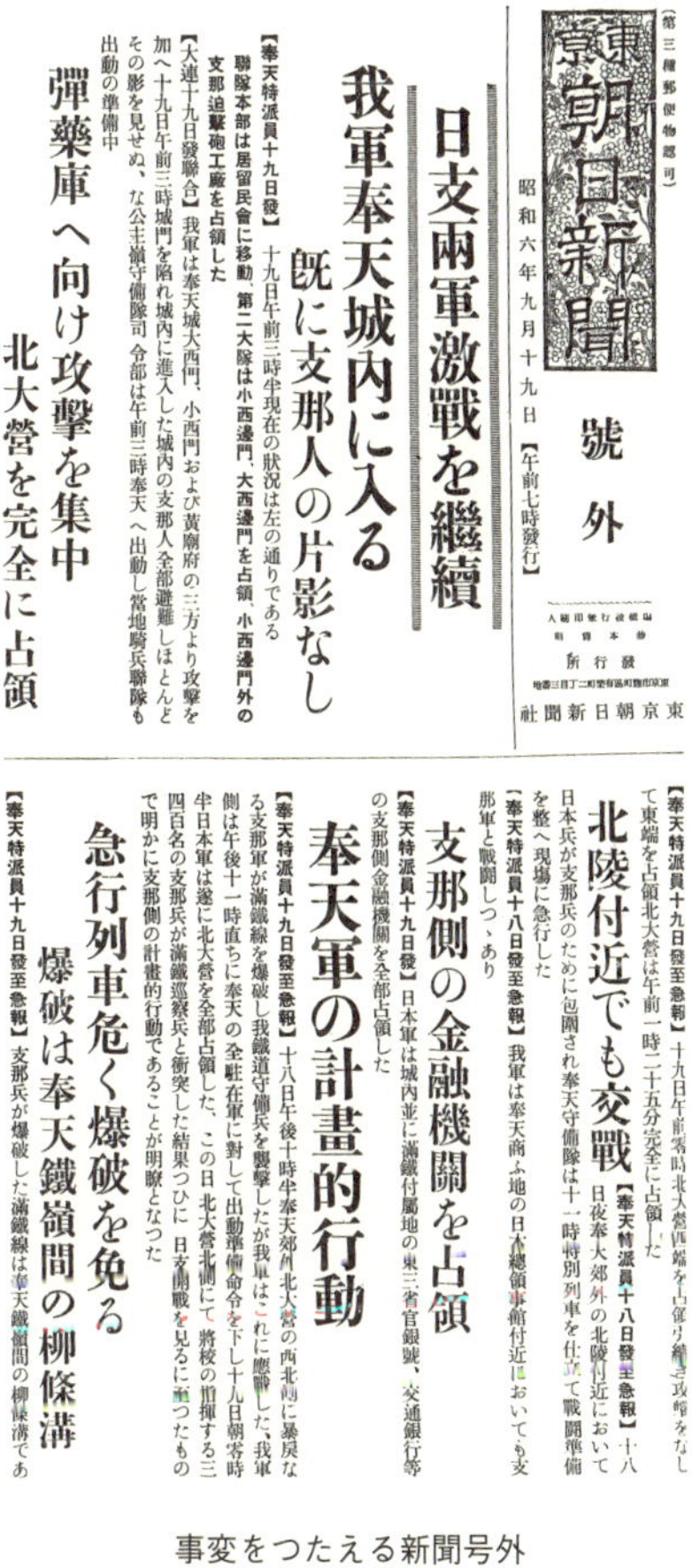

（第三種郵便物認可）

東京朝日新聞

昭和六年九月十九日【午前七時發行】

號外

發行所　東京市麴町區有樂町二丁目三番地

東京朝日新聞社

日支兩軍激戰を繼續

我軍奉天城内に入る

既に支那人の片影なし

【奉天特派員十九日發】十九日午前三時半現在の狀況は左の通りである

聯隊本部は居留民會に移動、第二大隊は小西邊門、大西邊門を占領、小西邊門外の支那追擊砲工廠を占領した

【大連十九日發聯合】我軍は奉天城大西門、小西門および黄廟府の三方より攻擊を加へ十九日午前三時城門を陥れ城内に進入した城内の支那人全部避難しほとんどその影を見せぬ、な公主嶺守備隊司令部は午前三時奉天へ出動し當地騎兵聯隊も出動の準備中

彈藥庫へ向け攻擊を集中

北大營を完全に占領

【奉天特派員十九日發至急報】十九日午前零時北大營西端を占領引續き攻略をなして東端を占領北大營は午前一時二十五分完全に占領した

北陵付近でも交戰

【奉天特派員十八日發至急報】十八日夜奉天郊外の北陵付近において日本兵が支那兵のために包圍され奉天守備隊は十一時特別列車を仕立て戰鬪準備を整へ現場に急行した

【奉天特派員十八日發至急報】我軍は奉天商ふ地の日本總領事館付近においても支那軍と戰鬪しつゝあり

支那側の金融機關を占領

【奉天特派員十九日發】日本軍は城内並に滿鐵付屬地の東三省官銀號、交通銀行等の支那側金融機關を全部占領した

奉天軍の計畫的行動

【奉天特派員十九日發至急報】十八日午後十時半奉天郊外北大營の西北側に暴戻なる支那軍が滿鐵線を爆破し我鐵道守備兵を襲擊したが我軍はこれに應戰した、我軍側は午後十一時直ちに奉天の全駐在軍に對して出動準備命令を下し十九日朝零時半日本軍は遂に北大營を全部占領した、この日北大營北側にて將校の指揮する三四百名の支那兵が滿鐵巡察兵と衝突した結果つひに日支開戰を見るに至つたもので明かに支那側の計畫的行動であることが明瞭となつた

急行列車危く爆破を免る

爆破は奉天鐵嶺間の柳條溝

【奉天特派員十九日發至急報】支那兵が爆破した滿鐵線は奉天鐵嶺間の柳條溝であ

事変をつたえる新聞号外

（『東京朝日新聞』昭和６年９月19日号外）

十八日夜十時半ごろ、奉天北方、北大営西側において、暴戻《ぼうれい》なる支那軍は満鉄線を破壊し、わが守備兵を襲い、駈けつけたるわが守備隊の一部と衝突せり。報告により、奉天独立守備第二大隊は現地に向い出動中なり。

そして新聞の号外（九月十九日）も、「暴戻なる支那軍が満鉄線を爆破し我鉄道守備兵を襲撃した」「奉天軍の計画的行動」と報じた。しかし今日では、奉天にほど近い柳条湖で満鉄線を爆破したのは関東軍自身であったことはよく知られている。

十八日夜十時半ごろ、奉天独立守備隊島本大隊川島中隊の河本末守《かわもとすえもり》中尉は、数名の部下とともに、中国軍兵営のある北大営から南へ六、七〇〇メートルの地点――柳条湖で、満鉄線を爆破した。張作霖爆殺のときとちがって、満鉄線は自国の鉄道であり、しかもたんに満州占領の口実ができればよいわけだから、爆破は申しわけ程度の小規模に行なわれた。爆破直後にあの巨大な広軌の満鉄列車が無事に爆破地点を通過していることが、何よりの証拠だ（この点は、後に国際連盟から事変調査のため派遣されたリットン調査団にも指摘された）。

さて、この謀略の画策者は石原であり、責任者は板垣であり、実行者は今田新太郎大尉および右の河本中尉ら川島中隊の二、三の将校だったようである。

石原が企ての実行をこの時期に選んだのはなぜだろうか。中央部は、『満蒙問題解決方策の大綱』のなかでは一年間の準備期間をおくといい、「湖月」会議では昭和十年を目標とすると披露しているが、いずれにしても昭和六年にやるとはいっていない。朝鮮軍の神田参謀は、六年の十月にやると板垣に耳打ちされたので、これに呼応して北鮮の会寧と間島《かんとう》の竜井村とを結ぶ鉄道を爆破し、その機会に朝鮮軍の依田旅団を図們江をこえて間島に派遣し、ここに有力な地歩を築こう、とひそかに画策していたが、それも事件が一月《ひとつき》繰り上げられたので流れた。

板垣・石原が部内のあらゆる方面に肩すかしをくわせて、昭和六年九月という時点を選んだのは、要するに中村事件解決にひっかけて行動を開始し、〝煮えきらない〟中央政府を引きずろう、と考えたからだ。もちろんこの時点で

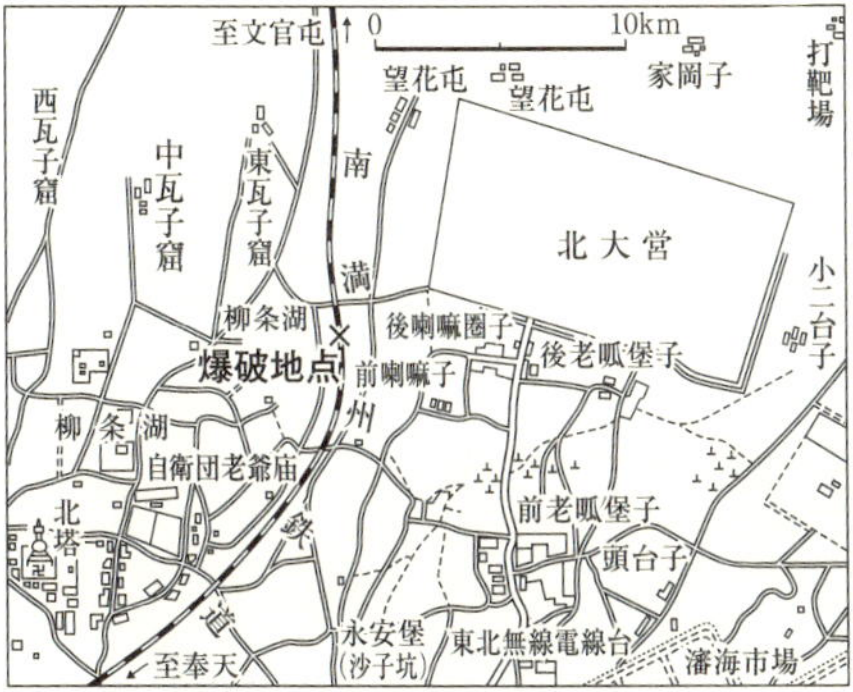

柳条湖付近図

奉天城を占領した日本軍

独断で拡大する戦線

は、第一次五ヵ年計画に没頭しているソ連は立たないだろうし、世界恐慌のほとぼりのさめない英米も同様であろうことも、板垣・石原の計算には織りこまれていたのである。

柳条湖の鉄道爆破を口実として、独立守備歩兵第二大隊は中国側の兵舎のある北大営を、第二師団歩兵第二十九連隊は奉天城を攻撃し、例の二四サンチ榴弾砲も砲門を開き、十九日午前六時までには北大営も奉天城も日本軍が占領した。引き続きやや苦戦ののち長春も占領し、営口、鳳凰城の奉天軍を武装解除した。満州事変の火蓋は切られたのである。そして政府の不拡大方針の訓令にもかかわらず、事態は関東軍の手で逆の方向へ進んでいった。

事変勃発ののち、陸軍中央部と出先の間で最大の問題としてクローズアップされたのは、朝鮮軍（日本の領土である朝鮮駐屯の日本軍）の独断越境問題だった。朝鮮軍の約一個旅団（兵力約四千）が天皇の大命を待たずに、林軍司令官の独断で関東軍の救援に出かけた、という問題である。朝鮮軍の救援を中央部に納得させるには、兵力不足の理由をつくるのが何よりだというわけで、関東軍は九月二十一日吉林に進出し、奉天方面の兵力をことさら手薄にした。

朝鮮軍の出動（竜山駅）

これと併行し、独断越境の朝鮮軍と協力して、さらに問題の地間島《かんとう》と北満ハルビンへの進出をはかった。これも例の自家製の排日暴動を両地で起して、それを名目に断行しようとしたのだが、主として南陸相の反対により挫折した。しかし、執拗《しつよう》に北満進出をめざす関東軍は、十一月を迎え、突然チチハル出撃の挙に出た。はじめは、関東軍が懐柔した張海鵬《ちょうかいほう》軍をチチハルにいる馬占山《ばせんざん》軍の攻撃にあてたのだが、馬軍による洮昂線の嫩江《のんこう》橋梁爆破を契機に、がぜん関東軍は覆面《ふくめん》をぬいだ。そして橋梁の修理と、予想される馬軍のこれに対する抵抗を理由に一挙にチチハルを屠《ほふ》ろう、と企てた。

はたして十一月四日、橋梁修理をめぐる両軍の小ぜり合いが発生した。これを知ってあわてたのは、馬軍がソ連の援護下にあるとみていた参謀本部だった。そして断然これを阻止するために、参謀本部は委任命令権の発動という非常措置に出た。つまり天皇の持つ統帥権の一部を、この際一時的に参謀総長が委任を受け、「臨参委命」という形式の参謀総長命令を大命と同価値にまで引き上げようという企図であった。しかし結果的には、この苦肉の策さえ、関東軍の暴走を抑えることはできなかった。やがて関東軍は大興、昂々渓、チチハル付近の戦闘を経て、十一月十九日にチチハルに入城したのである。

東北辺防軍司令張学良は、奉天を失ってから北寧鉄路沿線の錦州に仮政府を設けて、対日反攻の拠点とした。だから関東軍としては錦州を攻略しないかぎり、その満蒙工作の完遂《かんすい》も不可能であった。まず十月八日に計十一機で錦州を爆撃した。この爆撃は、錦州政権に対する爆撃というよりは、末期的幣原外交を爆撃し、同時に国民政府に爆風をあびせようという敵本的意図にもとづくものだ、といわれた。しかしこの爆撃により、罪のない中国人を殺傷したため、アメリカを含む列強と国際連盟の対日世論は悪化した。

爆撃に続いて、十一月二十四日の前哨戦《ぜんしょうせん》があり、二十七日には、前口天津で土肥原大佐が火をつけて誘発した対日暴動事件（第二次天津事件）を利用して、天津軍（支那駐屯軍の通称）の救援を名目に、関東軍は錦州に向って遼河《りょうが》を越えたのである。ところがこの錦州を通過する北寧鉄路は、奉天と北京を結ぶ重要な幹線であったばかりでなく、イギリスの利権鉄道でもあったために、錦州作戦は前月の爆撃行以来悪化した国際世論に、よりいっそう重大な刺激を与えた。

アメリカのスチムソン国務長官から厳重な抗議をつきつけられて、幣原外相をあわてさせたのも、このときであった。また中国はこの形勢をみて、いち早く国際連盟に錦州方面の中立地帯化を提案したので、参謀本部は大いにあわて、二十七日から翌日にかけ、一昼夜に四回も委任命令権を発動し、ようやく関東軍を遼東地区にひきもどしたのであった。

十月事件と関東軍独立説

ちょうどこのころ国内では、関東軍が本国からの独立を企てている、という風説がしきりに行なわれた。それは、橋本欣五郎中佐や長《ちょう》勇少佐を中心とする陸軍在京部隊の一部少壮将校が、荒木貞夫中将を首班とする軍部内閣の樹立を目ざして行なおうとした未発のクーデタに触発されたものであった。

この「十月事件」にはこれといった建設計画もなく、いたずらに彼らは志士気どりで大言壮語するばかりだったが、その壮語のなかに関東軍独立論が含まれていたのである。陸軍中央部はしかも、関係将校に保護《ほご》検束《けんそく》ぐらいの処置しかできなかったにもかかわらず、この風声鶴唳《ふうせいかくれい》には必要以上におびえ、あわてた。多分それは関東軍将校のなかにも十月事件の同調者がいたからであろうし、またそれだけ十月事件が中央部に与えたショックが大きかったともいえよう。とにかく中央部は十月十七日、関東軍と駐劄第二師団に対して、「独立をさしひかえるように」と打電した。

寝耳に水の軍司令官以下は、この電報を大いに怒り、十九日付で中央部に「事実無根の浮説に帝国軍建軍の本義を紊《みだ》り、我が名誉ある関東軍に対し、拭うべからざる疑惑を以て見らるるに至りては、我等一同絶対に承服し難き所とす」というきびしい内容の返電を、参謀部一同の名で送った。念入りにも、中央部は独立阻止をひとつの目的として、陸軍の長老白川大将を満州に派遣した。かつて関東軍司令官として最初の暴走者・独走者の名誉をになった白川が、今度はとめ男の役廻りをふりあてられたと

錦州に進撃する関東軍の装甲列車

は、何とも皮肉の限りだ。

満州の大半を占領

　ところで、中国側の錦州方面中立地帯化の提案は、たんなるジェスチャーにすぎなかった。いわば日本はいっぱい食わされたのである。そこで日本側は昭和六年十二月十日の国際連盟理事会で認められた「匪賊《ひぞく》討伐権」を利用し、「匪賊討伐」の必然的結果という形式のもとに、列国の目をかすめて、ふたたび錦州進出をはかることになった。

　このころ、若槻内閣にかわって十二月十三日に犬《いぬ》養毅《かいつよし》の政友会内閣が成立し、陸相には荒木中将が任命され、外相には芳沢謙吉（成立当初は犬養首相兼摂）が登用されて、幣原外交が消滅した。参謀本部でも総長に閑院宮《かんいんのみや》、次長に真崎中将が任命されて、陸軍中央部と関東軍の距離も短縮された。だから今回は参謀本部も関東軍の錦州進出に別に異議はなかった。

こうして錦州作戦は十二月二十八日に開始されたが、このとき張学良軍がなぜか自発的撤退を行なったので、関東軍はそれを追って、翌昭和七年（一九三二年）一月三日これを無血占領したのである。また二月五日には、前にいったん進出を断念したハルビンをも手中におさめた。これで関東軍は事変勃発後五ヵ月で、熱河《ねっか》省を除く満州の大部分をわがものにした。石原の計画は図にあたったのである。

満州独立国家建設案

参謀本部は、昭和六年度の『情勢判断』のなかで、満蒙問題解決策を三段階に分け、第一段階は国民政府主権下の親日政権樹立案、第二段階は独立国家建設案、第三段階は満蒙占領案と規定していた。一方、前に述べたように、関東軍は満蒙領有計画を胸にいだいて満州事変を起したのだが、事変発生後五日目の昭和六年九月二十二日には、早くも板垣・石原を含む関東軍参謀部は領有計画を捨てて、独立国家建設案にきりかえた。

その理由は、石原らの同志的存在であった建川参謀本部作戦部長（おりから奉天出張中）までが、第三段階に反対して第一段階を主張したので、中央部説得の不可能を悟ったからだ、といわれている。しかし中央部の大部分は第一段階の主張者であったものの、金谷範三《かなやはんぞう》参謀総長、南陸相の両首長などは、最初第一段階の採用にすら反対し、事変をたんなる偶発事件として処理することを主張するありさまだったので、関東軍とのズレは大きかった。その後中央部では両首長を第一段階採用の線にまでひきあげることに力がそそがれ、九月下旬にはどうやら首脳部の足なみもその線にそろえられて、十月七日に『時局処理方案』を決定した。

白川大将の渡満は、関東軍の暴走を抑えることのほかに、この『時局処理方案』の程度で関東軍を納得させるのが目的だった。しかし蔣介石の主権下に作られる満蒙新政権案では、満蒙領有案から一歩後退して独立国家案を考えている関東軍がおさまるはずはなかった。白川やこれに随行した参謀本部作戦課長今村均《ひとし》大佐と、板垣・石原との間に相当はげしいやりとりがあったのも当然であった。

その間にも関東軍では、中央部の意図とは無関係に、独立国家建設への具体案を作ることにつとめ、十一月七日には完全な独立、日本のいうことをきくこと、国防は日本が引き受けることの三条件をつけて満鉄上海事務所の松木俠に依嘱してあった『満蒙自由国設立案大綱』ができあがった。これを作るとき、東北文治派三巨頭のひとりといわれる于冲漢《うちゆうかん》が遼陽での隠棲《いんせい》を清算して姿をあらわし、「保境安民の実現は独立国家の建設を絶対必要とす」という政見を発表したのに大いに力づけられたという。

溥儀を擁立、満州国誕生

天津日本租界に失意の生活をいとなむ清朝の廃帝溥儀《ふぎ》を新政権の首班にすえるという構想は、事変前からあったので、事変勃発直後に関東軍が独立国家案にふみきったとき、すでにそのことは既定方針となった。溥儀引出しの役割は土肥原大佐が担当した。彼は本庄軍司令官の命令で天津に出かけ、十一月八日その地の中国人街で暴動を起させ、天津軍の出動を誘った。

この第一次天津事件は、平津（北平＝北京、天津）地方の治安の乱れを契機にいっきょに張学良政権の打倒をはかる、というもうひとつの使命を帯びていたが、その方は失敗した。しかし溥儀は土肥原の勧めをいれ、にわかに決意した。天津暴動から身を守るということを理由に、夜陰に乗じて十一月十二日一隻のランチに身をまかせて天津を脱出し、かねての手配で渤海沖に待ちうける淡路丸に乗り移って、一路営口に向った。溥儀は、工藤忠、上角利一、宮島大の三人の日本人を含む従者五人とともに翌十四日営口に安着し、甘粕《あまかす》正彦の迎えをうけて、ともども湯崗子に行き、二、三日休養のうえ、旅順粛親王府に落ち着いた。

このように関東軍の建国工作は筋書どおりに着々進められたので、中央部もついに新国家建設にふみきり、昭和七年一月六日、陸・海・外三省の関係課長の間で、その線にそう『支那問題処理方針要綱』を決定した。そして二月十七日には張景恵《ちょうけいけい》を委員長に、蔵式毅《ぞうしきき》、馬占山《ばせんざん》、熙洽《きこう》、凌陞《りょうしょう》、湯玉麟《とうぎょくりん》を委員とする「東北行政委員会」が成立し、さらにこの委員会は発展的解消をとげて、三月一日に満州国が生れ、溥儀はその執政となった。

満州建国直後の重要問題として、馬占山の背反、熱河《ねっか》作戦、日本の満州国承認があげられる。黒竜江《こくりゅうこう》軍を率いる馬占山は、昭和六年十一月のチチハルでの敗北後、北満の海倫付近で抗日態勢をとっていたが、昭和七年になるとしだいに日本側に傾き、板垣参謀の説得によって東北行政委員会設立のときに黒竜江省長官のイスにすわり、満州建国後も引続きその地位を占めた。ところが四月上旬になって、彼はひそかにチチハルを脱出して黒河に走り、ふたたび反満抗日を表明した。それは、かつての抗日の英雄の寝返りに対する国民の批判

満州国皇帝溥儀

熱河作戦で長城に一番乗りした関東軍戦車隊

にたえられなかったことや、駒井徳三らの省内の日本人文官に対する不平など、いろいろな理由からとられた行動であった。これに対し、関東軍はまず五月中旬、呼海線方面で攻撃をかけたが、捕えそこね、さらに六月に黒河作戦を行なって馬占山を追ったが、またもこれを北方にのがした。

熱河省は、はじめから関東軍の建国構想のなかで、満州国の予定領域とされていたから、それを完全に握ることは、建国のために欠くことのできない要件だった。当時の熱河省は湯玉麟の支配下にあったが、この地が万里長城を境として河北省と隣合わせだったため、張学良の対日反攻の第一目標とされ、したがって湯の立場ははじめから微妙であった。湯は東北行政委員会に一委員として名をつらね、満州建国のときには参議府副議長の地位を与えられたが、昭和七年七月ごろから張学良の策動になびいた。

関東軍は、内外の批判をしりめに、「熱河問題は満州国の国内問題である」という名目をかざして、昭和八年（一九三三年）二月下旬から熱河作戦を開始した。この作戦は、緒戦では関東軍の機動作戦が図にあたって、約十日間で熱河省を掃蕩《そうとう》したが、三月初旬、喜峰口をはじめ、長城線重要関門を攻撃する段になって、中国中央軍の頑強な抵抗にあい、予想外の苦戦を味わわなければならなかった。そのために、戦闘は長城線を越えて、やがて後の灤東《らんとう》作戦につらなるのである。

関東軍の理想と現実

昭和七年八月八日、満州の日本の機構に新しい情勢が生れた。武藤信義大将が新しく関東軍司令官に任命され、同時に特命全権大使と関東庁長官を兼ね、いわゆる三位一体の体制ができあがった。参謀長には小磯《こいそ》国昭《くにあき》中将、新設の参謀副長には岡村寧次少将が就任して、関東軍参謀部の主要幕僚も陣容を改めた。

武藤信義大将

大正八年（一九一九年）に関東都督府制が廃止となり、関東軍が新設されると同時に、満州の軍権だけを握ることになった関東軍だが、かえってその後は統帥権独立の楯にかくれて、勝手な行動がとりやすくなったという面があり、ついに満州事変を強行し、満州国を建設した「実力」に物いわせて、いちおう不抜の支配権を全満に確立したのである。

昭和七年九月十五日、武藤全権大使は国都の新京《しんきょう》（長春）で満州国国務総理鄭孝胥《ていこうしょ》と会見して『日満議定書』を結び、ここに日本は満州国を正式に承認した。そして昭和九年（一九三四年）三月一日には、溥儀執政が即位して、帝政がしかれた。

満州国について多くを語るひまはない。ただ、満州国のあるなしにかかわらず、兵略的価値にかんがみて、満蒙を日本の国防の第一線（「帝国の生命線」）とすることは絶対的要件であり、したがって満州国の国防はそのまま満蒙での日本の国防につらなる、という理由のもとに、日本が満州国に駐兵権を持ち、その国防を担当したことに注目したい。つまり満州国の建設にともない、今まで関東州と満鉄付属地にしか駐兵と行動を許されなかった関東軍は、今後全満に行動の自由を与えられ、必要とあればいくらでも駐兵できるようになった。満州国とは、そのような性格を与えられて出発した国家だったのである。

それでも、治外法権の撤廃や満鉄付属地の移譲はもちろん、関東州の返還までを考えていた「理想主義者」石原の指導下にあった満州国はまだよかった。昭和七年八月に石原が兵器本廠付となって満州を去ったあと、満州国は明らかに傀儡《かいらい》化の一路をたどった。たとえば、昭和八年八月の閣議で決定した『満州国指導方針要綱』のなかの「満州国に対する指導は、現制における関東軍司令官兼在満帝国大使の内面的統轄の下に、主として日系官吏を通じて実質的に之を行なわしむるものとす」という規定にしばられて、満人系官吏は何ひとつやることもできないようになった。ことに昭和九年末の在満機構改革ののちは、いよいよ建国構想から遠ざかり、「五族協和」「王道楽土」というスローガンに寄せた満人の期待は、にべもなくふみにじられたのである。

関内進出と天津特務機関

関東軍は昭和八年五月三十一日、灤東・関内両作戦の結果として、河北省の白河河口の塘沽《タンクー》で中国軍との間に塘沽停戦協定を結んだ。灤東作戦というのは、河北省東北部、つまり灤河東方地帯を戦場とする関東軍の軍事行動をさし、同年四月十日から十九日までの十日間、撤兵完了の二十三日までを加えると、二週間がこれについやされた。

このころ関東軍では、華北の軍閥に働きかけていっせいに反蔣親日満運動を展開させ、いっきょに華北を準満州国化して、満州国の右側背をかためようと考えた。そのため昭和八年二月十三日、板垣少将は非公式で灤東工作のため、天津《てんしん》行きを命じられた。これがいわゆる天津特務機関の誕生であって、その後この機関は多くのスタッフをかかえ、元湖南督軍の張敬尭《ちようけいぎよう》に火付役をわりあて、宋哲元以下多数の華北将領に対して反蔣親日満への蹶起を呼びかけた。

灤東作戦は元来この謀略の後楯《うしろだて》としての陽動作戦であり、前に書いた重要関門付近での作戦の延長として開始された。これを担当した第六師団は開始後作戦を順調に進め、二日後にはだいたい中国軍を灤河右岸に撃退した。ところが謀略の方は、はかばかしく進展しないままに、十九日天皇の意志ということで、突然作戦中止が命じられ、関東軍は長城線に復帰して、灤東作戦の終結となった。

その後も関東軍は第八師団による古北口南方地区の攻撃を続行し、これに抵抗する中国中央軍との間に激戦を展開した。その間中国側は第三国への斡旋依頼と併行して、中国人のなかのいわゆる知日・親日分子をしきりに日本の出先官憲と接触させ、日本の真意を探り出そうと試みた。日本側も中国の真意を捕えようと苦心し、一時は停戦ムードが上海《シャンハイ》駐在武官根本博を中心に醸し出された。しかしそれは天津特務機関や北京駐在武官永津佐比重らの強硬反対によって棚上げされ、五月三日、第六・第八両師団などに対し関内作戦が発令されて、関東軍はふたたび戦闘を交えることになった。

第六師団は五月六日の行動開始後、所在の中国雑軍を追って進撃を続け、灤河を渡って、第八師団正面で抵抗する中国軍の右側背を脅威する態勢を築いた。第八師団も激戦のあげく、中国軍陣地を抜いて前進し、五月十一、十二両日には北京上空の威嚇飛行を行なった。そのため平津地方は極度の恐怖と混乱の状態におちいり、中国側の和平工作も真剣味を帯びるようになった。

武藤軍司令官は五月十三日、深追いは禁物とばかりに命令を出して、関東軍の進撃限度を明示し、十五日には停戦の意志があることを声明した。これより先、五月三日、中国側は対日妥協機関として、親日家といわれた黄郛《こうふ》を委員長とする行政院駐平政務整理委員会を成立させたが、黄郛は軍司令官の声明発表を好機とみたのか、五月十七日に上海から北京に入った。

一方その後の関東軍は相変らず進撃を続け、第八師団は十九日に密雲、二十三日には懐柔をおとしいれて、北京を指呼《しこ》の間に望むようになったので、平津地方の混乱は激化した。そこで黄郛は藤原喜代間海軍武官の斡旋により、二十二日夜ひそかに永津武官と会見して、停戦の意志があることを伝えた。日本側も天津特務機関の謀略がはかばかしく進まないので（中心人物の張敬尭は五月七日に暗殺された）、二十二日にこれをうちきり、黄郛の中入れを受諾した。

こうして二十五日の中国軍代表の密雲行きとなり、西義一第八師団長に対する正式な停戦申入れが行なわれ、さらに五月三十、三十一日の両日に塘沽《タンクー》で停戦会議が開かれ、いわゆる「塘沽停戦協定」が結ばれた。

この協定は河北省の東北隅に、いちおう非武装地帯らしいものを成立させた。しかしそれは完全な中立地帯ではなかった。なぜなら、関東軍はこの協定によって中国軍に一定線までの撤退を強いながら、自軍は協定文の「概《おおむ》ね長城線に撤退する」という「概ね」の二字を楯に、この地帯に若干の兵力を残したからである。そしてこれを足がかりに、中国側と何回か会議を開いて、灤東地区と満州国との間の列車連絡、郵便連絡、電信・電話連絡、税関設置、治安維持等に関する協定をおしつけ、本来中立地帯であるはずの灤東地区を準満州国化した。だから塘沽停戦協定の成立は、満州国保安の機能をはたすと同時に、その後の華北工作の出発点として重要な意味を持ったのである。

関東軍の華北工作

関東軍と協力しながらも、一面ではこれと張りあっていた華北の天津軍は、昭和十年六月に梅津《うめづ》・何応欽《かおうきん》協定を中国側から奪いとって、于学忠軍と排日的機関とを河北省外に駆逐した。これを追うように、今度は関東軍が土肥原《どいはら》・秦徳純《しんとくじゅん》協定を中国側に強制し、やや日本臭をもつ宋哲元軍をチャハル省から追い出すとみせて、実はこれを中国軍隊のいなくなった河北省にすえた。

こうして日本の出先陸軍部の勢力は、着々と河北・チャハル両省に延び、蔣介石による中国の統一をはばみ、これを分治合作に導こうという陸軍の意図は、その一端がここに実現された。またこのような出先軍部の行動再開により、日中両国公使の大使昇格ぐらいしかできなかった広田弘毅《こうき》外相（斎藤実《まこと》内閣）の〝親善外交〟は完全に封じられ、ここしばらくは関東軍に象徴される出先軍部の行動だけが目だつようになった。

梅津・何応欽協定の成立後、出先軍部は河北省内の粗悪な中国軍兵士や農民をそそのかして、「自治」運動を行なわせることに熱中していたが、十一月になり、イギリス支援のもとに蔣介石は幣制改革を断行した。幣制の改革・統一は、いうまでもなく政治の統一につらなる。だから出先軍部は幣制改革をイギリスの日本に対する反撃とみ、さらにそれへの再反撃として、この際華北「自治」工作を急速に進めることを決意した。

その結果、あらゆる意味で不評判な「親日家」殷汝耕を引き出して、これに十一月末通州で自治を宣言させ、冀東《きとう》（冀＝河北省）防共自治委員会（のちに委員会を政府に改組）を設けさせた。出先軍部は同時に宋哲元にも働きかけていたが、中国側は先手をうって、十二月宋哲元を委員長に、国民政府の一機関としての冀察（察＝チャハル省）政務委員会を北京につくり、これにある程度の自治権を与えた。翌昭和十一年（一九三六年）になると、出先軍部はさらに冀東政府を指導して、日本商品の密輸を公認させた。これは中国の市場を混乱におとしいれ、関税収入を激減させたので、当然中国の排日運動をあおり、同時に利害関係の大きいイギリスを硬化させる結果を招いた。

内蒙工作のつまずき

昭和十一年五月、陸軍中央部は天津軍の兵力を五千名に強化し（今までは約二千百）、軍司令官田代皖一郎《かんいちろう》中将を関東軍司令官と同様に親補職とすることに改め、同時に関東軍と天津軍の任務と配置とを明らかにした。これは両軍の地位を対等に近づけ、その行動範囲に一線を引くことによって関東軍の暴走をいましめ、今後これを満州国の育成と、ようやく極東軍備を強化しつつあったソ連に対する〝守り〟に専心させるためのはからいであった。

こうして華北での行動を封じられた関東軍は、以後主としてその内蒙工作にその姿がクローズアップされる。関東軍のこの方面への工作は、熱河作戦を契機として、松室大尉を中心に進められていたが、何といってもそのクライマックスは、昭和十一年末の綏遠《すいえん》事変だった。この事変で、関東軍の田中隆吉参謀が作りあげたシリンゴール盟副盟長徳王をいただく蒙古軍が、百霊廟で中国の傅作義《ふさくぎ》軍に完敗したことは、今まで関東軍に抑えられ通しの中国人を熱狂させ、彼らに日本恐るるに足らず、の気持を植えつけた。そして一方で、今まで粘り強く続けられていた国交調整のための川越(茂)・張羣《ちょうぐん》会談をいっきょに押し流した。

また蔣介石が張学良のために捕えられた十二月の西安《せいあん》事変は、生還後の蔣介石を国共合作に追いやり、対日強硬策にふみきらせた。この二つの事変以後の中国側の対日高姿勢はまことに目を見はらせるものがあり、その結果はこれに張りあう日本軍との間に運命の盧溝橋《ろこうきょう》事件(昭和十二年〈一九三七年〉七月)を発生させ、日中両国をその後八年間の泥沼戦争に追いやったのである。

第四章　ノモンハンの敗北

新段階むかえた関東軍

満州事変と、その結果としての満州国建国によって、関東軍は新しい段階をむかえることとなった。「建国」によってソ連や外蒙古と国境を接することになったからである。関東軍は、今までみてきたことからも明らかなように、もともと〝北向きの軍隊〟——対ロシア（ソ連）軍隊という性格をになっていたが、国境を接してじかにソ連軍と対峙《たいじ》することになって、その性格はにわかに具体性をおびてきたのである。

満州国の国防を一手に引き受ける関東軍には、〝現地〟の駐劄《ちゆうさつ》軍として、中央の政府・陸軍省・参謀本部の情勢判断が、ややもすればなまぬるいものと感じられた。そしてその過剰なまでの責任意識、対ソ危機感が、満州国を築いた自信や実力とあいまって、時に中央との対立関係を起させることとなった。そうした関東軍の過剰意識は、ソ連側の国力増大、極東軍の整備増強などの事実ともからみあって、ソ連・外蒙古との国境紛争をしばしば発生させた。そしてそれらのなかには、あわや全面戦争に突入か、と思わせるようなきわどい局地戦争までも交えていた。

その代表が「ノモンハン」事件（ソ連側の呼び名はハルヒン・ゴル河事件）だった。関東軍の歴史のなかで唯一回の本格的戦闘ともいえるこの国境紛争で、関東軍は機械化部隊を中心とするソ連軍に完敗した。その結果、彼らは〝泣く子もだまる〟精鋭の権威を失うとともに、参謀本部の戦局不拡大方針に反して、またも独断専行することとなり、中央との溝を深めた。またこの事件がともかくも局地戦争として終り、結果的に昭和十二年（一九三七年）以後の日中戦争にもかかわらず、第二次大戦末期のソ連参戦まで、関東軍が一度も全面戦争を体験しないでしまったことは、一面ソ連の実力に対する認識を誤らせ、その装備と戦術の近代化をはばんだ。〝北向きの軍隊〟の歴史のなかで、「ノモンハン」事件のしめる比重はけっして軽くないのである。

緊張高まるソ満国境

シベリア出兵から満州事変までは、日ソ関係は比較的平穏だったといえる。それはひとつには、革命成功後まだ日の浅いソ連が、極東地域の開発強化に十分な力をふり向けるだけの余力を持たなかったことによる。またひとつには、日本はあくまで中国から獲得した特殊権益にもとづいて、満州地方一帯に強大な勢力を保持しているだけであり、したがって、たとえば満蒙《まんもう》地方での国境紛争の処理は、ソ連政府と中国政府ないし中国の地方政府との間で解決されるのが当然のような状況があったからである。

しかし、このような事態は満州国建国の時期から一変した。まず、革命後の国内建設にいちおうの成果をおさめたソ連は、昭和八年（一九三三年）から始まった第二次五ヵ年計画では、極東地方の経済計画に重点を置くようになり、それにともなって防衛力も急激に強化されることになった。極東地方に配備された軍用機だけでも、昭和八年には約三百五十機だったものが、昭和十一年（一九三六年）には千二百機と三倍半に近い増加を示しているのである。他方、満州事変によって傀儡《かいらい》政府の樹立に成功した日本は、満州国防衛の責任を関東軍に負わせることになり、それにともなって、関東軍の兵力も飛躍的に増強された。しかも、この間に日本が対ソ不侵略条約を拒否したことや、北満（東支）鉄道をめぐる紛糾などは、ソ連の対日不信感を強め、それは日本軍部に見られた根強い対ソ不信感とあいまって、軍事的な緊張関係をはらむこととなった。こうして日本陸軍の〝精鋭〟と強大なソ連軍とは、ソ満関係を間にはさんで、正面から対峙することになったのである。

そのうえ、ソ満国境には紛争事件の起りやすい条件がそろっていた。もともと満州をめぐる国境線は、一六八九年に清国とロシアとの間に締結されたネルチンスク条約をはじめとする十一の条約・協定によって規定されていた。満州国は成立の際にこれらの規定をそのまま受け継ぐことを余儀なくされた。ところが、これらの規定はあいまいで多様な解釈が可能であったうえに、設置された境界標の数は少なく、しかもそれらの多くは長い年月のあいだ放置され、境界標としての役目をはたさない状態になっていたのである。なかでも、国境線がもっとも明瞭でないのは、興凱湖から図們江《ともんこう》にいたる六〇〇キロ余りの東部国境と、ソ連の影響下に置かれた外蒙古と境を接する西北部のホロンバイル草原地帯であり、関東軍や参謀本部は、適宜に自分に都合のよい国境線を認定していた。したがってこれらの地域では、どちらの国境守備隊が現に占拠しているかによって、国境線がたえず動くという状況になっていたのである。関東軍による満州国内の治安工作が進み、その勢力が辺境の地にまで浸透していくにつれて、国境防備の問題が具体的に登場し、それとともに多くの紛争が引き起されるようになったのは、いわば当然のことであった。

紛争続発と対ソ強硬論

具体的な紛争は、昭和十年（一九三五年）になって急激に増加した。満州事変勃発から昭和九年（一九三四年）までの二年半に百五十二件だった紛争は、昭和十年には百三十六件、翌十一年には二百三件と急に増加し、終戦の年までには千六百件以上にたっしたと報告されている。ただ昭和九年以前の紛争は小規模なものばかりで、一、二人の越境、または小銃の撃ち合い程度がその大部分を占めていた。ところが、件数の増加にともなって紛争の規模も拡大する傾向がみられ、昭和十年に入ると、関東軍の騎兵集団が出動したハルハ廟事件、さらに昭和十一年には空軍や機械化部隊での戦闘が行なわれた「オラホドガ」事件、「タウラン」事件などがみられるようになった。そして、翌十二年にはソ連砲艇を撃沈するという「カンチャーズ」（乾岔子）事件が起った。

「カンチャーズ」事件は、満州の北部国境を形づくっている黒竜江のなかの小島をめぐって起った。二月ごろからセンヌハ島（カンチャーズ島）、ボリショイ島（チンアムホ河西島）に日満人上陸の事実があり、これに対してソ連側は満州国側に何度か抗議を寄せた。やがて六月に入り、抗議だけではラチがあかないとみたのか、少数のソ連兵がこの二島に上陸した。これに対して関東軍は一個師団の兵力を現地に集中し、またソ連側は砲艦・砲艇部隊を集結して対峙《たいじ》するようになったのである。ところが、問題はこれからである。事態がこのまま進展すれば、日ソ両軍の間に大規模な戦闘が起る可能性があったが、参謀本部は「僻遠の地にあるこの島の問題は国力を賭するに値するものでない」と判断して、事件の不拡大方針をとり、問題の処理を外交交渉にまかせることとし、関東軍には反撃を中止するように指令した。しかし、このような消極的態度にあきたりなかった現地軍は、三十日独断でソ連砲艇に攻撃を加え、そのうちの一隻を撃沈してしまったのである。結局、事件はソ連側の全面的な譲歩によって落着したが、この事件に特徴的なことは、その後の張鼓峰《ちょうこほう》事件（ソ連側の呼び名はハーサン湖事件）や「ノセンハン」事件において顕在化する、現地と参謀本部などの陸軍中央部との円滑さを欠いた関係と、それにともなう関東軍の暴走の雛型《ひながた》とが、ここにすでに明瞭に示されていることである。なお、日華事変のキッカケとなった盧溝橋事件が勃発したのは、この事件から旬日の後であった。

国境紛争地点

もちろん、このように続発する国境

紛争事件について、日ソ両国政府が手をこまねいていたわけではなかった。昭和七年（一九三二年）にはすでに日本政府から、国境紛争防止に関する日満ソ三国委員会の設置が示唆されており、その後もこの問題は何回かの外交交渉を通じて取り上げられた。しかし、国境問題全体について審議するような委員会はついにできなかった。日本側、ことに関東軍が、ソ満国境を確定することが重要だと考えたのに対して、ソ連側は、国境線はロシアと中国との間の取決めによってすでに確定ずみであるとの態度をとり続けていたのである。

そして両国のこのような相違の背後には、日本がソ連に満州国を事実上承認させようとする意図が含まれていたため、問題の解決はいっそう困難だった。したがって、個々の紛争事件はそのつど解決をまつよりしかたがなかった。やがて昭和十二年十一月六日、日独伊防共協定の調印が発表されると、日ソ間の空気は急激に冷却し、極東での日ソの対立は一触即発の危険性をはらむようになり、それとともに陸軍、ことに関東軍のなかでは、対ソ強硬路線が強く主張されるようになってきた。ただこの点でも、すでにふみきった中国への軍事介入に全力を投入しようとする陸軍中央部と、対ソ兵力としての関東軍との間には、ソ連に対する態度にかなりの違いがあることが、このころから、いっそうはっきりとしてきたことも注意されなければならない。

張鼓峰事件と大本営

昭和十三年（一九三八年）七月、シベリア・東満・北鮮の各地域が境を接するあたりで、日ソ両国の間に軍事衝突が勃発した。この事件は紛争の焦点となった丘陵の名前をとって、張鼓峰事件と呼ばれているが、日ソ間の国境紛争としては、はじめて戦略単位の軍隊が参加して行なわれた、やや本格的な戦闘であった。問題の張鼓峰はソ満の国境付近にある標高約一五〇メートルの丘で、付近を満鮮鉄道が走っているほかは、戦略的にもさして重要な地域ではなかった。しかし、満州事変以後、日ソ両軍の国境警備隊が配置されるようになってからは、不明確な国境線をはさんで少数の日ソ両国軍が向い合い、張鼓峰から沙草峰にいたる稜線（日本側の主張する国境線）は、両軍がかわるがわる占拠するという状況が続いていた。日本側では、満州国の琿春《こんしゅん》地区に属するこの地域の警備を、便宜上朝鮮軍に属する第十九師団に担当させていた。

七月十一日、約四十名のソ連兵が張鼓峰山頂に陣地の構築を始めたという情報が入ったが、これに対する陸軍部内の反応は複雑だった。当時、日華事変はすでに長期消耗戦の段階に入りつつあり、陸軍では支那派遣軍の総力を集中しての漢口作戦の準備が進められていた。したがって、ここでソ連との間に本格的な戦闘を行なうことについては批判的な空気も強く、事実、朝鮮軍司令官小磯国昭大将は、大本営《だいほんえい》（日華事変発生の結果として昭和十二年十一月設置）に対して、たとえソ連軍の国境侵犯は明瞭であっても、漢口作戦をひかえた重要な時期でもあるから、軍としては「まず条理を尽し、現地において直接これが撤退を要求」する方針であることを伝えている。大本営内部もだいたいこの方針に賛成だったと考えられる。しかし、作戦課長稲田《いなだ》正純《まさずみ》中佐を中心とする少壮幕僚の間には、このさい限定戦闘を行なって威信を回復すると同時に、それを通じてソ連が日中戦争に介入する意図を持つかどうかを打診しようとする「威力偵察論」が抬頭してきていた。また関東軍側は、これに先立ってすでに参謀を現地に派遣して、ソ連軍の「越境」を確認させたのち、大本営と朝鮮軍に警告を行ない、さらに事件発生後は実力行使を要望するなどの強硬な態度を示していた。

大本営では、しだいに高まってきた積極論を背景にして、限定戦闘を行なう方針が有力となり、七月十六日には現地への兵力の集中を命令、さらに二十日には、板垣征《いたがきせい》四郎《しろう》陸相と閑院宮《かんいんのみや》参謀総長が参内して、張鼓峰にたいする実力行使とそれにともなう動員計画について、天皇の裁可をえることになった。そしてこの方針にそって、十九日には朝鮮軍と現地の第十九師団（師団長尾高亀蔵《すえたかかめぞう》中将）とに攻撃準備の命令を下した。ところが、この方針は外務省、海軍側の反対などもあって、天皇の裁可をえられず、参謀本部はいそいで攻撃を中止し、動員態勢を解除しなければならなかった。

攻撃開始を待ちわびていた現地軍が、このような命令に容易に承服できなかったことはいうまでもない。問題をさらに複雑にしたのは、大本営内部の少壮幕僚もこの決定に不満を抱き、その意向が現地軍にまで伝えられていたことであった。現地軍の原駐地への復帰は遅々として進まず、ようやく本格的な移動が始まった二十九日、現地では二度目の紛争が起り、それは本格的な戦闘へと進展したのだった。

尾高師団長、独断攻撃

二十九日午前九時すぎ、沙草峰南方の稜線で、ソ連側が陣地の構築を始めたとの報告を受けた尾高師団長は、ただちに国境守備隊長に攻撃を命じた。さらに彼は、この事件は「張鼓峰事件」とはまったく別個のものであり、したがって先の現地軍の原駐地復帰の命令とは矛盾しないと強弁して、兵力の再集中の許可を朝鮮軍司令官に求めた。これに対して、朝鮮軍と大本営は、この事件を張鼓峰事件とは別個に処理することには同意したが、全体としては不拡大方針を堅持することとし、ソ連軍を国境線の外まで追撃することを禁止してきた。だが、かねてから強硬派に属し、しかも中国での戦闘に参加できないことを嘆いていた尾高師団長は、この方針にあきたらず、独断で攻撃を加えることを決意し、事前に朝鮮軍司令部に報告することさえさしとめて、三十一日の未明、張鼓峰から沙草峰一帯にかけてのソ連軍陣地に、一個連隊約千六百名の兵員で夜襲をかけた。夜襲の主力は張鼓峰の攻撃に集中された。それは、沙草峰の攻撃には、地形から見て、まず張鼓峰攻撃の要あり、という判断からだった。攻撃はいちおう成功し、ソ連軍は東方に後退した。

この攻撃の報告を受けた大本営は、一方では攻撃の成功に喜びながら、他方では戦闘不拡大方針をとるという、矛盾した反応を示した。それは、大本営内部に、すでに見たような意見のくいちがいがあったからだった。だが、このような方針の不一致の結果はかなり重大だった。つまり、現地軍には防禦《ぼうぎょ》に専心することを厳命し、問題を外交処理にゆだねる方針を決めたにもかかわらず、最終的には尾高の独断攻撃の責任を追及することはなかったのである。

いったん後退したソ連軍は、飛行機、戦車、それに重砲の支援のもとに反撃に転じた。これに対して、攻勢を禁じられ、稜線の守備についたまま動かない日本軍は、絶好の攻撃目標となった。飛行隊の出動をさしとめられていたこともあって、日本軍の損害は増加の一途をたどった。ソ連軍が二個師団をつぎこんで八月六日から開始した第二次攻勢では、日本軍の損害は毎日二百名をこえたといわれる。このような事態に

ソ連機の張鼓峰爆撃

直面して、現地軍からは飛行機の出動や増援、さらには攻勢に移ることなどが要望されたが、大本営は、撤退論と攻勢転移論の対立から、状況の進展に対応した作戦計画そのものを確定できない状態であった。

この危機を救ったのは、ソ連側の意外とさえ思われる譲歩によって成立した停戦だった。停戦交渉は、八月四日以来、重光葵《しげみつまもる》駐ソ大使とリトビノフ外相との間で行なわれていたが、国際世論が必ずしも有利でないことを知ったソ連側は、十日夜の戦線で停戦することに同意したのである。九日にはすでにソ連側が日本軍の駆逐《くちく》に成功していたことから考えると、この条件は日本にとっては最良のものだったといえる。そして、大本営は、辺境に大部隊を集中することの愚かさを理由に、十三日から日本の全軍を図們江を越えて撤退させた。これは、両国の主張していた国境線よりはるかに後退して実施された撤退であった。

こうして、一師団長の独断によって引き起された戦闘は、何らの成果をあげないどころか、師団全体の二〇パーセント以上の兵力を失うという結果を残して終結した。しかも、師団長の責任はまったく追及されることなく、また積極論を展開した少壮参謀たちの責任も追及されなかった。その結果は、敗戦を敗戦として自覚することを妨げ、ソ連極東軍の強力な戦力、とくにその物的な力についての正確な評価さえも行なわれないこととなったのである。

このような結末に強い不満を抱いたのは、ソ満国境の防衛を当面の任務とし、しかも国境紛争については積極的な態度に出ようとしていた関東軍の中枢であった。彼らは、大本営、とりわけ参謀本部の一貫しない作戦指導のために、国境線の防衛にさえも失敗したとして、中央に対する不信感を増大させた。張鼓峰付近は事件後関東軍の管轄に移されたが、一部にはこの機会にソ連軍を日本側の考えていた国境線の外まで駆逐《くちく》しようとする主張まで生れるほどだった。そして、日華事変の発展を考慮して国境紛争にはなるべく手をふれずにおこうと考えるようになった参謀本部に対して、関東軍は逆に紛争に際しては局地的な限定のもとにおいてではあっても、ソ連軍を徹底的にたたくという方針をかためていった。こうして、「ノモンハン」事件の予備段階は、すでに張鼓峰事件に始まっていたとみることもできるであろう。

『満ソ国境紛争処理要綱』

国境紛争に対する関東軍の強硬な態度を典型的に示しているのは、翌十四年四月に関東軍司令官植田謙吉大将から示達された『満ソ国境紛争処理要綱』である。この要綱の中心点は、国境問題を一方的に日本側の主張にだけもとづいて処理しようとする点にあるが、そこには関東軍の基本的性格の一部が明瞭に示されているので、多少長くなるが、問題点のいくつかを引用によって示してみよう。

まず基本方針としては、「満『ソ』国境に於ける『ソ』軍（外蒙軍を含む）の不法行為に対しては、周到なる準備の下に徹底的に之を膺懲《ようちょう》し、『ソ』軍を慴伏《しょうふく》せしめ」（傍点著者――以下同様）ることが要求される。しかも「不法行為」とは一方的に日本軍の判断にもとづくものである。なぜなら、「国境線明確ならざる地域に於ては、防衛司令官に於て自主的に国境線を認定し、……万一衝突せば、兵力の多寡国境の如何に拘らず必勝を期す」ることとされているからである。したがって、この『要綱』は戦術的挑発をも認めている

軍司令官植田謙吉大将

とみることができる。つまり各部隊は「目的を達成する為一時的に『ソ』領に進入し、又は『ソ』兵を満領内に誘致、滞留せしむること」ができるのであり、また「積極果敢に行動し、其の結果派生すべき事態の収拾処理に関しては上級司令部に信倚《しんい》し、意を安んじて唯第一線現場に於ける必勝に専念し、万全を期す」とされているのである。そしてこの示達とともに、「従来の指示、通牒等は自今一切之を廃棄す」ることとなった。

この『要綱』の内容が、張鼓峰撤退に際して示された参謀本部の方針と根本的にくいちがうものであることは明らかである。しかし関東軍司令部からの報告を受けた参謀本部は、これに対して何らの対策をも講ずることなく、それどころか、作戦課の参謀の一部は、個人的にではあるが、この処置は適切なものであるとして賛成さえしたのである。この結果、国境地域の防衛軍司令官には、みずから国境線を認定する責任ばかりでなく、実は前々から日本側が主張していた国境線を「回復」する責任が負わされたといえる。もし、日本側主張の国境線内にソ連軍がいるとすれば、現地司令官は「之を急襲殲滅す……る為……一時的に……満領内に誘致、滞留せし」めているものと判断しなければならないことになるのである。こうして、現地軍が軍司令部の命令に忠実であるかぎり、そしてまたソ連側が譲歩しないかぎり、早晩国境線をめぐって大衝突が起ることはさけられなかった。ノモンハン事件の第一報が関東軍司令部に入ったのは、『要綱』が示達されてから二十日とたたないうちであった。

強まるソ連の威圧

ノモンハン事件の経過とその実状については、昨今郷土部隊の詳細な戦記などが散見されるようになったものの、なお不明のままに残された部分が多い。それはひとつには、この事件が、第二次世界大戦に至るまで、〝無敗〟を誇った日本陸軍のただひとつの大きな汚点とされ、したがってその戦闘の真相は、終戦に至るまで、国民の目からまったくおおいかくされてしまっていたからである。その上、その後明らかにされたいわゆる〝真相〟も、多くは事件当事者の手になる自己弁明的な色彩の強いものであり、また客観的な資料はほとんど発表されないままとなっている。真相がわかりにくいもうひとつの原因は、この事件の相手方であるソ連側が、どのような内部事情によるためか、当時事件についての報道をあまり行なわず、このためソ連側の資料も手に入らないことにある（ちなみに、張鼓峰事件の場合は〝ハーサンの勝利〟として大々的に報道され、国民意識の高揚のためにも利用された）。このような事情の結果、事件の細部については、現在でも確定できない点が多く、今後とも謎につつまれたまま残される部分も少なくないであろう。

事件の舞台となったホロンバイル高原地帯は、満州国と外蒙古との国境線が不明確で、そこではかなりの規模のものも含めて、何回かの国境紛争がくりかえされていたが、この外蒙古との紛争にソ連が登場することになった背景を述べなければならないだろう。

外蒙古は、すでに早く一九二四年（大正十三年）に人民共和国成立を宣言、ソ連の指導と援助のもとに社会主義国家建設をめざしていたので、ソ連との関係は切っても切れないものになっていた。そして、満州国の基礎がいちおう固まるようになると、国境線の確保に不安を抱いた外蒙古は、一九三四年（昭和九年）末に、ソ連から外蒙古防衛の約束（相互援助に関する紳士協定）をとりつけた。日本勢力の浸透を警戒するソ連側にとっても、外蒙古の防衛は、シベリア、とくにシベリア鉄道の防衛のためには不可欠なことと考えられていたのである。

これに対して日本側、とくに関東軍は、昭和十年から、内蒙古、華北への浸透工作を活発に行なうようになり、その背後には、外蒙古をソ連の影響から切りはなして日本の勢力下に収め、一朝事ある場合には、ソ連に対して圧倒的な優位に立つことができるような地歩を築こうという考えがあった。そして満州国のいちおうの安定化とともに、外蒙軍と満州国軍ないし関東軍との間には、国境紛争が頻発するようになったのである。

このような事態の進展を背景にして、一九三六年（昭和十一年）三月、ソ連－外蒙相互援助条約が調印され、四月に公表された。この条約は、先に締結されていた紳士協定を成文化したものであるが、それが正式に発表されたことは、外蒙古への進出をも狙っていた日本に対して、無言の圧力を加えるものであった。事実、満州と外蒙古の間の国境紛争は、この条約以後目立って少なくなったといわれる。条約の公表によって国境紛争処理委員会を設置しようとする案は立消えとなり、ソ連軍と直接対決しなければならないという事実が、日本軍の行動を慎重にさせたとみることができるであろう。しかし、ソ連側の威圧によって、日本軍の行動が制約されたという事実は、〝北の守り〟につく関東軍内部に不満をつのらせることになり、張鼓峰事件での事実上の敗北は、その気持を尖鋭にし、それが『満ソ国境紛争処理要綱』として集中的に表現されることになったと考えても間違いではないであろう。

ノモンハン事件起る

「ノモンハン」事件の第一報が関東軍に入ったのは、昭和十四年（一九三九年）五月十三日午後のことだったといわれる。ハイラルに駐屯する第二十三師団長小松原道太郎中将からの電報は、外蒙古兵約七百名が、十二日朝から「ノモンハン」南方地区でハルハ河をわたって越境し、満州軍の一部と交戦中であり、後方からの増援もある模様なので、師団の一部と満州軍によってこれを撃滅する、というものだった。交戦の始まったのが十二日であったか、あるいは十一日であったかについては、関東軍、とくに当時関東軍作戦参謀であった服部卓四郎中佐、辻政信少佐などは一貫して十二日説をとっているのに対して、ソ連側は十一日説をとっている。期日の点はともかくとして、外蒙古軍の不法越境であったかどうかについて、関東軍とソ連側の主張がくいちがうことはいうまでもない。当時、関東軍はハルハ河の線を国境線と主張していたが、この主張には必ずしも明確な根拠はなかったようであり、多くの地図は、ソ連側の主張するハルハ河東方の線を国境線としていた。したがって、ハルハ河の渡河をただちに不法越境とみなして、かなり大規模な攻撃を加えた第二十三師団の行動には、『国境紛争処理要綱』が重くのしかかっていたと考えられる。というのは、『要綱』が示達される以前の三、四月においては、外蒙古兵がハルハ河を越えることは不問にふされる場合が多かったからである。

第一報を受けとった関東軍の参謀のなかには、「ノモンハン」の地名を知るものがなく、かなりの時間をかけてようやく地図の上から探し出したといわれる。これも、服部・辻両参謀の記述で一貫して主張されているところである。このような主張の背後には、おそらく交戦が外蒙古とソ連側の一方的な攻撃によるものであることを示そうとする意図が含まれているであろう。事実は、あるいはそのとおりであったかもしれない（日本のある新聞は、第一報で「外蒙国境のモンハン」と報じ、第二報で訂正した）。しかし、くりかえし紛争の起っていた地域について、関東軍参謀がその詳細を知らなかったということは考えにくいことであるし、もし事実であったとしても自慢になる話ではない。事件の起った責任の大半は、関東軍側が負わなければならないことは、それまでの経過や『要綱』によってみても明らかである。

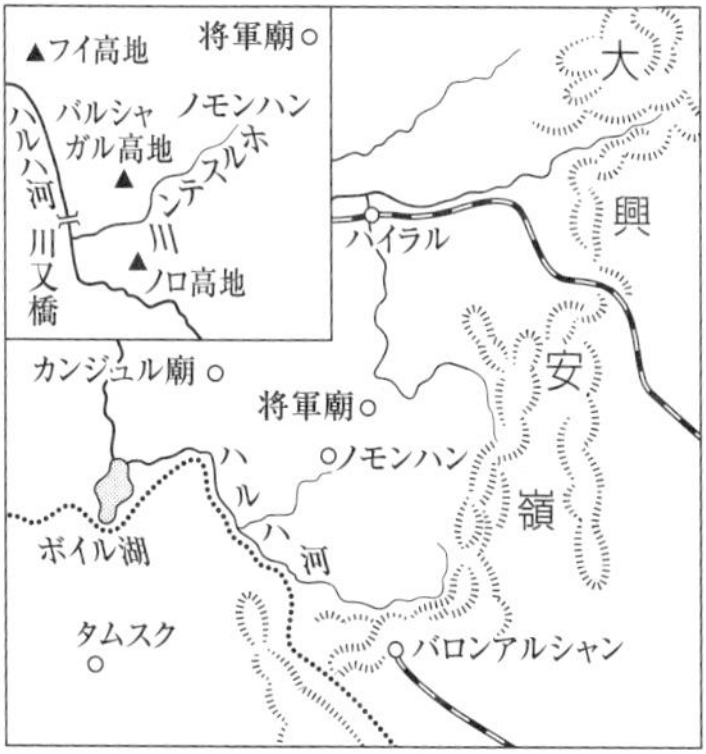

ノモンハン付近図

全滅した東騎兵連隊

本格的戦闘が行なわれたのは、五月二十八日以後である。小松原師団長は、五月十三日、東八百蔵《あずまやおぞう》中佐の率いる騎兵連隊主力に歩兵二個中隊を加えて東《あずま》支隊を編成し、現地に派遣した。これには、ハイラルにあった満州国軍の全部（約三百人）も加わった。空軍の援護を受けた東支隊の攻撃にあって、外蒙古軍は十五日にハルハ左岸に後退したので、東支隊はハイラルに引き揚げた。ところが、外蒙古軍はその後を追ってまた右岸に進出し、陣地の構築を始めた。この敵にどう対処するかについては、小松原師団長と関東軍司令部との間に多少の意見の食違いがあり、司令部は外蒙古軍の侵入を静観して、機をみて一挙に撃破することを主張したのに対して、小松原はただちに一撃を加えることを主張した。そして結局、小松原の主張が通ったのである。しかし、待っていたのは〝連隊全滅〟の悲劇であった。

ハルハ河の線を確保する決心をかためた小松原師団長は、東支隊に歩兵一個大隊と砲兵一個中隊を加えて山県支隊を編成し、また飛行隊も増強して、外蒙古軍、それに新たに派遣されてきた機械化部隊を中心としたソ連軍と対峙した。そして二十八日、日本軍の攻撃によって戦端が開かれた。日本側は、歩兵を中心とした主力をソ・蒙軍の正面にすえ、東騎兵連隊は彼らの退路を断とうとして、迂回して側面攻撃に向った。ところがソ連軍の戦車隊と砲兵隊による攻撃は激烈で、主力も苦戦にさらされたが、とくに側面攻撃に向った東連隊は、逆に退路を断たれ、戦車隊に包囲攻撃されて全滅した。東部隊の兵士はあるいは一ヵ所におりかさなって倒れ、あるいは焼かれた自動車の上に焼死体となって横たわるなど、その現場は悲惨をさわめたといわれる。師団長はさらに砲兵三個中隊を派遣して対抗しようとしたが、ついに敗れ、日本側は三十一日戦場を離脱した。これが第一次「ノモンハン」事件である。

この事件は、関東軍の表現によれば〝彼我一勝一敗〟であるが、空軍の勝利を別にすれば日本側の完全な敗北であった。しかし、その実状は参謀本部にさえもすぐには正確に報告されなかったので、三十日には、参謀次長からの勝利を祝う電報さえとどけられた。このような事態に直面して、小松原師団長の無念の思いは想像にかたくないものがある。『国境紛争処理要綱』の重圧のもとに、ほとんど師団長の独断に近い形で行なった戦闘が、一連隊の全滅という結果で終結したのである。このような気持が事態を第二次「ノモンハン」事件発生に導いた直接的な原因とさえ考えられるのである。他方、関東軍司令部は、表面上は比較的冷静であった。関東軍としては、基本的には不拡大方針をとり、数多い国境紛争のひとつとしてこの問題を処理できると考えており、しかも、師団長が軍司令部の当初の方針に反してまで強硬処置をとったという背景があったからである。しかし、心の底ではやはり、無念の思いが強かったと考えられる。それは、第二次事件における強硬論として爆発し、日華事変を考慮に入れて、大局的見地から問題を処理しようとする関東軍の一部や陸軍中央部の慎重論を吹き飛ばしてしまったのである。

関東軍、参謀本部と決裂

第二次「ノモンハン」事件の発端も、小松原師団長からの電報だった。第一次事件の事後処理がすまないままに放置されていた昭和十四年六月十九日、関東軍司令部に入った電報は、㈠「ノモンハン」方面のソ連軍はしだいに兵力を増強して、十八日には満州国軍を駆逐した、㈡敵飛行機が温泉方面およびカンジュル廟を爆撃し損害を与えた、という内容のものだった。そして、師団長の「防衛の責任上、進んで更に膺《よう》懲《ちょう》したい」との意見が具申されてきた。この電報を受けとった関東軍司令部では、ただちに作戦会議を開き、二十日には「ノモンハン」方面への兵力の大集中を命じた。集中される兵力は、補強された第二十三師団の全力をはじめとして、第一戦車団に第七師団の一部等を加えて編成する安岡支隊、さらに第二飛行集団などであった。国境紛争にはいまだ類をみない大規模な動員であり、その方針はソ連軍との正面衝突をも辞さない強硬なものだったということができる。

このような方針が決するまでには、多少の曲折があったとされている。作戦参謀の多くは、日華事変と天津租界問題についての日英交渉に対する配慮から、慎重論を唱えたのに対して、参謀辻政信少佐が強硬論を唱え、これに作戦主任参謀服部卓四郎中佐が賛成して、結局大勢を押しきることになり、参謀長磯谷《いそがい》廉介《れんすけ》中将、軍司令官植田謙吉大将も強硬論の線で説得されたのである。また、最初の作戦計画では、満州で最精鋭を誇る第七師団を戦闘の主力にあてる予定であったが、それは軍司令官の命令で中止され、第一次事件の当事者である第二十三師団に変更された。第七師団投入の意見がでたのは、第二十三師団が前年に編成されたばかりのものであり、その戦闘力について信頼がおかれていなかったからであるが、いったんは最精鋭部隊を投入しようとした背後には、並々ならぬ決心のほどがうかがわれるであろう。

この関東軍の方針に対して、陸軍中央部はかなり批判的であったが、第一次事件のときに関東軍との間に大きな意見の相違がなかったこともあって、この構想はいちおう容認されることになった。ただ、この計画のなかには、外蒙古領内への飛行機による爆撃も含まれていたが、関東軍側は、反対を予想し、故意に事前の諒解をとりつけることはしなかった。そこにはすでに、関東軍がノモンハンをめぐって「独走」する気配が明瞭に示されているのである。偶然に爆撃計画を知った参謀本部では、事件の拡大をおそれて、急いでその不適当と考えられることを打電し、さらに作戦班長有末次中佐《やどる》を満州に派遣して、その中止を説得させようとした。ところが、関東軍は有末作戦班長の到着する六月二十七日朝、外蒙古の拠点タムスクへの爆撃を強行し、ここに第二次「ノモンハン」事件は大規模な戦争として始められてしまったのである。

タムスク空襲は、制空権を確保しようとする目的のもとに、百三十機あまりの大編隊で、ソ・蒙軍の空軍基地に対して行なわれたもので、発表によれば、百機以上の敵機を撃墜・撃破するという大戦果を収めた。この空襲は、ソ連側に、日本が本格的攻勢に出る意図のあることを察知させ、その後もノモンハン周辺の武力を増強させる結果をもたらし、また参謀本部と関東軍の関係を決定的に悪化させてしまった。

電話で戦果の報告を聞いた稲田正純作戦課長は、「馬鹿ッ、戦果がなんだ」と怒号したといわれ、関東軍司令官に謹慎を命じることも真剣に考慮された。他方、関東軍側もこのような中央部の態度に強く反発し、爆撃は報復処置だ、と強弁するとともに、強硬論一本にまとまって作戦を強行することになった。こうして、数万の大軍(事件終結までの総兵力は五万六千といわれる)を動員した本格的局地戦争が、陸軍中央部の協力をえられないままに、関東軍の独断専行の形で闘われることになったのである。ソ連側の動員態勢がかなり本格的なものであったことを考えあわせれば、勝敗の帰趨《きすう》は戦わずして明らかだったともいえる。

ホロンバイル高原における日本軍の歩兵と戦車

ソ連機械化部隊に完敗

七月一日攻撃開始を目標に、ノモンハンに集結した第二十三師団と安岡支隊とは、日本側が制空権を握っているという安心感も手伝って、ハルハ河をわたって左岸の敵陣深く突入し、ソ連軍を一挙に壊滅させるという大胆な作戦計画をたて、二日夜には、予定どおり第二十三師団の主力が左岸に進出した。これに対するソ連側の抵抗は激しく、数百両の戦車を総動員しての攻撃を加えてきた。この戦闘では、日本側の対戦車砲と、ガソリン瓶をもちいての肉薄攻撃で戦車を炎上させる戦法とがかなりの効果を示したが、三日午後からは戦局が不利にかたむき、第二十三師団は右岸に撤退して安岡支隊と合流した。一方、右岸の敵陣地に攻撃を加えた安岡支隊も、戦車四十両を撃破されるという損害を出して後退した。日本側は、さらに五日から攻撃を再開したが、これも戦車と重砲にさえぎられて成功せず、戦線は十日すぎから膠着《こうちゃく》状態におちいった。

このような状況をみた参謀本部は、「ノモンハン」において短期間に勝利を得ることが困難なことをさとり、日本側からの譲歩（具体的には外蒙・ソ連側の主張する国境線の容認）によって戦闘を終らせることを考えた。これに対して関東軍側は、ソ連側の損害も大きいとして、さらに大規模な攻撃を加えることを主張してゆずらなかった。そこで参謀本部側は、二十日に関東軍の磯谷参謀長を上京させ、事件の局地的な限定と、ハルハ河右岸での持久による外交的解決を骨子とした『ノモンハン事件処理要綱』を示した。これに対して磯谷は、ソ連側には全面戦争の意図がないから、徹底的な打撃を与えることによってはじめて解決ができるとしてつっぱね、関東軍司令部も『処理要綱』を黙殺する態度にでた。

そして、ソ連側の兵力が予想以上に強大なことと、みずからの砲兵力が不足していることを痛感した関東軍は、重砲部隊三個連隊を内地から増強して、七月二十三日から三度目の攻撃を加えたが、これも結局失敗に終り、戦線の膠着状態は続いた。この間に関東軍は、六月中旬打撃を受けた安岡支隊の編成を解き、また満州全土に防空管制をしくなどの処置にでたが、さらに八月に入ると、新たに第六軍（司令官は荻洲《おぎす》立兵《りゅうへい》中将）を創設して、「ノモンハン」方面の全軍の指揮に当らせることとし、長期戦の構えに入った。

他方、ソ連側はジューコフ指揮のもとに第一軍団をもうけ、機甲五個師団（戦車・装甲車各四百三十両）を中心にした兵力を次々に増強し、八月に入ると、日本側に奪われていた制空権をも奪取するようになった。そして、日本側が長期戦と越冬とを考えはじめていた時、ソ連側が準備していたのは大規模な八月攻勢であった。十日前後に小規模な攻撃を見せたソ連軍は、二十日から本格的な攻撃に移るのであるが、それまでにこの地区に集中した兵力は、狙撃三個師団、機甲五個師団、騎兵二個師団など、日本側の予想をはるかに上まわるものであった。関東軍が強硬態度をとり続けたのに対して、ソ連側が自己の主張する国境線を守ろうとする決意もかたいものであり、しかもそこで予定されていたのは短期決戦だったのである。このような方針がとられた背後には、おそらくヨーロッパでの情勢の進展が考慮に入れられていたであろう。独ソ不可侵条約が調印されたのは、八月二十三日のことであった。

いずれにしろ、ソ連軍は二十日、有力な航空機の支援のもとに、戦線の全面にわたって攻勢をかけてきた。新たに補強された新鋭戦車群に守られた大部隊は、巧妙な作戦とあいまって、しだいに日本軍を圧迫し、二十三日には早くも大包囲網を作りあげて、日本軍の退路を断った。これに対して関東軍は、新たに第七師団の主力を投入し、さらに二十五日からは第二・第四師団も投入することを決めて、態勢の立直しをはかろうとしたが、時すでにおそかった。退路を遮断され、防禦陣地も各地に分断されて、孤立したいくつかの拠点にたてこもらざるをえなくなった日本軍は、二十四日以来反撃に出て、内外両方から包囲網を突破しようと試みたが、このような企図はすべて失敗に帰し、ただいたずらに損害を大きくするだけだった。孤立した拠点は次々に失われていき、二十九日には、日本軍は外蒙側の主張する国境線から完全に駆逐されてしまったのである。

なかでも、もっとも悲惨な運命にさらされたのは、第二十三師団だった。第一次事件ですでに一連隊の全滅を経験していたこの師団は、その後補充を受けて増強されてはいたが、強力な装備を持たないままで第一線に配備されていた。そして、二十四日の攻撃に際して、小林恒一少将の指揮する歩兵団は、ホルステン河東方の第一線に配備されたが、終日苦戦の末、夕刻に敵陣地に突入した。ところが、そこを敵の戦車隊に蹂躙《じゅうりん》され、新型戦車には対戦車砲もガソリン瓶も効果を発揮しないままに（初期の戦闘では炎上する戦車が多かったが、今回はほとんど炎上しなかったといわれる）、歩兵団は収拾のつかない混乱におちいり、ほとんど壊滅的な打撃を受けて後退した。この戦いで小林団長自身戦車の下敷になって重傷を負ったが、そのほかにも戦車にひき殺された兵士の多かったことは、戦いの激しさと無謀さを想像させる。

　さらに、二十八日から二十九日にかけては、師団司令部をホルステン河北方に移そうとしたところ、フイ高地方面からの攻撃を受け、師団全部がソ連戦車群に完全に包囲されてしまった。はじめは第一線にあった山県武光連隊長は軍旗を焼いて自刃《じじん》し、小松原師団長も軍司令官宛の遺書を残して最後の突撃に移る決心までかためたのだった。結局、小松原は、軍司令官の説得により手兵を率いて撤退したが、その時はすでに暗号解読表も焼却した後だったといわれる。

　第二十三師団の死傷者は一万一千人余りで、死傷率は七〇パーセントを越え、文字どおり全滅だった。しかも、部隊長の多くは戦死し、生き残った者については、無断退却などの理由で軍司令部から責任を問われて自刃する者が多かった。師団長自身は、事件終結後東京に帰還し、のち待命となり、病死した。結成後一年間で壊滅した第二十三師団の歴史は、ノモンハンの悲劇をそのまま体現したものといえる。師団長自身の強硬論によって引き起された事件は、関東軍司令部が強硬論に転換することによって拡大し、師団自身がぬきさしならない立場に追いこまれて全滅したのである。

首脳部更迭と停戦

決定的な敗北に直面した参謀本部側は、たとえどのような条件であろうと、それによって事件の終結をはかる決心をかため、八月三十日、中島鉄蔵参謀次長を新京に派遣して、関東軍首脳部の説得につとめることとした。しかし、軍司令部側は、この時期になってもなお、短期間に威力を集中して決戦をいどむことを主張してゆずらず、参謀次長さえもが、九月十日ごろに予定された攻撃を暗に容認する態度を示した。おどろいた参謀本部では、あらためて大命を仰ぎ、再度中島参謀次長を派遣して、九月四日、ソ連側に対する攻撃をいっさい中止し、軍隊を係争地域外に撤退させることを厳命した。これに対して、関東軍側は戦場掃除（自軍の戦死者収容）のための作戦だけは許可するように要請し、もし容れられない場合には、軍司令官は辞任したいと申し出たが、新たな攻撃はいっさい認められなかった。そして、追討ちをかけるように、六日から八日にわたる発令で、植田軍司令官をはじめとして、磯谷参謀長、矢野音三郎参謀副長、寺田雅雄《まさお》作戦課長、それに服部・辻の両作戦参謀はその職を免ぜられ、参謀副長以上は現役をしりぞくことになった。こうして、関東軍内部の強硬派は一掃され、ノモンハン事件は外交交渉による終結にゆだねられることになったのであ

ノロ高地での停戦交渉

る。新しい軍司令官には梅津美治郎《うめづよしじろう》中将が任命された。

ただ、ここで注目に値するのは、ソ連側がそれ以上の攻勢にはでてこなかったことである。もしソ連軍が、第二十三師団の壊滅を機に攻撃を続行した場合には、ハイラルまで進出することはまったく容易なことだったとされている。だが、ソ連・外蒙両軍は、外蒙古の主張する国境線を越えて進出しようとはしなかった。このような行動の背後には、九月一日にドイツのポーランド進駐が始まり、ソ連自身も、日ソ間の停戦協定が成立した翌日の九月十七日にポーランドに進駐したというヨーロッパ戦線での事情もあったであろう。しかし、張鼓峰事件その他をみても、自己の主張する国境線は断固として守りぬくが、それ以上の攻撃には出ないという態度は一貫しているのであり、それは関東軍の一撃論などと比較してみると、主張の首尾一貫性という点でも、また軍全体の統制という点でもいちじるしい対照をなすものであり、稲田作戦課長をして「関東軍の〝侵さず侵さしめざる〟態度は、寧《むし》ろソ連側に確立しており、独裁政権下とは言い条、統帥の節度、敵ながら見るべきものがあると言わねばなるまい」と評さしめるものがあった。

事件そのものは、結局、モスクワでの外交交渉に移され、全面的譲歩を覚悟していた日本側にとっては、意外ともいえるゆるやかな条件で妥協が成立し、停戦協定は九月十六日未明に成立した。さらに国境線については、何回かの折衝ののち、翌昭和十五年（一九四〇年）七月になって、ソ連側の主張をほぼ全面的に認める形で協定に達し、事件はようやく落着したが、それはもはや関東軍の関与しないことがらであった。

どこまで「独走」か

関東軍の独走という形で始まった事件は、こうして日本側の完敗という結果に終った。この戦争は、関東軍にとっての唯一の本格的戦闘であったばかりでなく、日本軍にとっても、近代的装備をほどこした軍隊との最初の戦闘だったのである。ソ連軍の兵力に対する関東軍の見通しが甘かったことを割り引いて考えても、ソ連側が戦車戦ひとつでも次々に新しい手を打ってくるのに対して、日本側にはほとんど、ほどこすすべがなかった。このような事態が、〝不敗〟を誇った日本軍に深刻な打撃を与えたことはいうまでもない。しかし、その教訓が十分にくみとられていったとはいいがたい。機械力の強化は強調されながらも、日本陸軍のなかには、いぜんとして白兵戦《はくへいせん》中心の考え方が根強く残ったし、またその精神主義は、状況の悪化とともにますます強調されるようになっていく。さらに、不統一の暴露された陸軍中央部と出先軍との関係も、根本的に解決されていなかったことは、その後の仏印進駐などで明瞭に示されたところである。

もっとも、関東軍の行動自体が、はたしてどれだけ参謀本部など陸軍中央部とくいちがったものであったかについては、疑問符をつけてみることもできる。対中国作戦や、ヨーロッパ情勢の進展などのなかで、中央部が「ノモンハン」事件の小規模化を希望していたことは事実であるし、作戦中に行なわれた軍司令官以下主要幕僚の更迭という強硬処置は、その決心のかたさを思わせるものではある。しかし、大局的な見地からみれば、日本の仮想敵国がソ連であったことは終始かわらないし、その意図のうちにはシベリアへの積極的出兵も含まれていた。したがって、この事件における関東軍の行動が、出先機関の起した他のいくつかの事件と同じように、多少先走りすぎていたにすぎないということもできる。そして、このようなトラブルが起ることが、日本陸軍そのものの体質を示していたということもできるであろう。陸軍の対ソ方針は、独ソ開戦を機に、参謀本部と関東軍が協同して立案した対ソ大動員計画である「関東軍特別演習」(関特演《かんとくえん》)によく示されているのである。

第五章　七十万軍隊の終焉

渋柿主義か熟柿主義か

〝打倒ソ連〟は日本陸軍の伝統的使命とされ、毎年の年度作戦計画は主としてソ連を仮想敵としてたてられていた。その主力をなすものはもちろん〝北向きの軍隊〟関東軍であり、それだけに関東軍は〝帝国の生命線〟満州を防衛する〝尖兵〟意識を強く持ち、そこから多くの問題をひき起してきたことは、これまでにみたとおりである。

昭和十六年（一九四一年）以後、満州方面での対ソ武力準備を、陸軍は「関東軍特別演習」、略称「関特演《かんとくえん》」という隠語でよんだ。その初年度の計画は、前年末に発令されたが、それによれば、戦争の原因、動機、開戦の様相などがどのようであろうとも、関東軍は合計三十四個師団におよぶ尨大な兵力で極東ソ連領に対して攻勢をとり、北樺太、カムチャツカを含むルフロウ付近以東の極東ソ連領の重要地域を占領しようというのであった。

昭和十六年六月現在の兵力配備を起点としてこれを実行するとなると、内地から六個師団、中国の戦線から十四個師団、計二十個師団基幹を満州に輸送し、当時十四個師団基幹の関東軍（関東軍の一環とみられていた朝鮮軍二個師団を含む）を一挙に三十四個師団にまで膨張させなければならなかった。そして、このような莫大な兵力が集中と展開を終るまでには約六十日が必要だとみこまれた。しかもそれは内地鉄道の約三分の一、満鮮鉄道ほとんど全部の輸送力をこれにあて、海上輸送に約一五〇万総トンの船舶を配当するとしての計算だった。だから、対ソ全面動員を決意してから攻勢作戦開始までに、すくなくとも六十日間は必要だということになるのである。

この年の四月ごろから、「はたして独ソは戦うか」の論議がしきりに東京をにぎわした。駐独大使の大島浩は、ヒットラーとの会談の印象から、両国は短時日の間に戦うであろうという観測を持った。しかし松岡洋右《ようすけ》外相（第二次近衛《このえ》文麿《ふみまろ》内閣）などは、協定成立六分開戦四分とみていた。参謀本部ではとにかく独ソ開戦の想定のもとに、日本陸軍がこれにどう対応したらよいかについて意見がわかれた。第一は、北方の脅威が除かれるこの時期に断然南方進出をはかれというのだった。第二には、情勢によってはドイツと呼応して対ソ攻撃に参加すべきだというのだった。これは渋柿をたたき落しても食うという積極的態度に通じるという意味から〝渋柿主義〟とよばれた。第三には、ヨーロッパのどの戦いにも参加せず、北方にも南方にも準備陣を張っておくというのだった。そしてこれらの意見を調整の結果、六月十四日にようやく『情勢の推移に伴う国防国策』の陸軍原案ができた。それは南北両方面で戦略準備態勢をつくることを基本方針としつつ独ソ戦の情況により好機が訪れれば、対ソ戦に参加しようというのだった。これは自然に熟柿《じゆくし》が落ちるのを待つという意味で〝熟柿主義〟と呼ばれた。

そこで参謀本部は、この国策の裏付けとなる全般用兵計画の研究を進め、六月十八日にひとつの案をえた。当時中国戦線では、昭和十二年（一九三七年）来の泥沼に足を踏みこんだような日華事変の年度内解決をねらって、中央も現地も夏から秋にかけての積極作戦を着々準備中だったし、南方でもいつ米英との戦争が起るかわからない情勢であった。だからこれらをも考慮に入れて、今度の案では対ソ警戒兵力（準備陣兵力）十六個師団基幹、攻撃兵力二十五個師団基幹に縮小したが、それでもこれを満州に集中するには約二ヵ月を必要としたのである。

独ソ開戦と対ソ戦準備

一九四一年（昭和十六年）六月二十二日、独ソはついに開戦した。一九三九年（昭和十四年）八月に成立した独ソ不可侵条約を無視して、この日の明方、ドイツ軍はその東部国境を越えて、いっせいにソ連領内に進出、バルバロッサ作戦の火蓋《ひぶた》は切られたのである。前年九月に独伊両国と三国同盟を結んでいた日本の朝野が、この知らせを聞いて、異常な昂奮状態におちいったことはいうまでもない。二十三日には、今まで対ソ戦に反対していた海軍も、南方進出の態勢を崩さないという条件で、陸軍側に歩みより、翌二十四日『情勢の推移に伴う帝国国策要綱』の陸海軍原案ができあがり、基本的には陸軍の一部が主張する〝熟柿主義〟がとりあげられた。

二十六日には参謀本部が、日本の対ソ戦は極東ソ連軍の戦力が半減したときに開始するという原則をうちだした。つまり八月上、中旬ごろに、独ソ戦に牽制《けんせい》されて極東ソ連軍の地上兵団が半減し、航空その他の軍直部隊（師団に編合されない航空、砲兵、騎兵、工兵、鉄道輸送等の野戦部隊）が三分の一に減少するという情勢が見こまれたとき、九月のはじめから兵力を行使するというのである。こまかくいえば、独ソ開戦前の極東ソ連軍の兵力は狙撃三十個師団、騎兵二個師団、戦車二千八百両、潜水艦約百隻と想像されていたが、その狙撃師団が約十五個師団に半減したときが攻撃開始のチャンスというわけだった。これに対する関東軍の兵力配備は左に示すとおりで、十二個師団と二飛行集団のほか、一騎兵旅団と国境守備隊十三個、独立守備隊（鉄道など満州国内の守備）九個などが満州各地に散在していた。

東正面	
琿春方面	
琿春駐屯隊（第九国境守備隊属）	琿春
東寧ないし虎頭方面	
第三軍	
第三軍司令部	牡丹江
第八師団	綏陽
第九師団	牡丹江
第十二師団	東寧
第一、第二、第十、第十一国境守備隊	
第四独立守備隊	牡丹江
第五軍	
第五軍司令部	東安
第十一師団	虎林
第二十四師団	東安
第二十五師団	林口
第三、第四、第十二国境守備隊	
騎兵第二旅団	宝清
第六独立守備隊	東安
三江省正面	
第十師団（第七独立守備隊属）	チャムス
北正面	
第四軍	
第四軍司令部	北安
第一師団	孫呉
第五ないし第七及び第十三国境守備隊	
第八独立守備隊	北安
西正面	
第六軍	
第六軍司令部	ハイラル
第二十三師団	ハイラル
第八国境守備隊	ハイラル
内陸	
第十四師団	チチハル
第二十八師団	ハルビン
第二十九師団	遼陽
第一独立守備隊	奉天
第二独立守備隊	新京
第三独立守備隊	昂々渓
第五独立守備隊	ハルビン
第九独立守備隊	承徳

関東軍の兵力配備（昭和16年）

ところで、日本は対ソ戦について、このとき次のようなソロバンをはじいていた。日ソ両軍の一個師団当りの戦力比は、双方が動員した場合、軍直部隊の戦力をも加えて、まず一対一と認められるが、極東ソ連軍の整備状態はヨーロッパ・ロシア優先のため、その戦力は日本の動員師団の戦力の約七割五分ぐらいと思われる。だから狙撃十五個師団の戦力は日本の動員師団の十一個師団強に当り、日本の二十個師団基幹はだいたいその二倍近くの優勢を保つことができるというのであった。

問題は二十ないし二十五個師団という大軍の大規模動員、その集中輸送にともなう民間需要の圧迫、とりわけ船舶の大量徴用をどうするかであった。そのほか対ソ戦の実行には季節による時間的制約があった。なぜならば、冬期には極東ソ連領と北満で大兵団が作戦行動を行なうことは寒さのためにほとんど不可能であり、したがって年内に武力解決をやるのなら、その作戦は十月中ごろまでには終っていなければならなかった。そして関東軍の第一期作戦、つまりウスリー方面進攻作戦にあらましのケリをつけるには、まず一ヵ月半から二ヵ月が必要と見積られるので、作戦開始は遅くも九月はじめでなければならなかった。

そこで遅くも九月はじめまでに作戦を開始するとすれば、動員決意から作戦開始ができるまでに約七十日が必要なので、六月二十二日の独ソ開戦と同時に日本も動員を決意していなければならないという勘定だったが、それはもちろん手遅れだった。だから参謀本部では、動員の決意六月二十八日、動員下令七月五日、開戦決意八月十日、作戦開始八月二十九日、作戦終了十月中旬ということで、日程を組んだ。

田中作戦部長のあせり

開戦決意を八月十日に予定したのは、内地から派遣する予定の四個師団（第二段集中兵団）の動員実施に必要な最小期間は二週間であり、そしてすくなくともこの四個師団の動員は政府の開戦決意があってからはじめて行なうべきだと考えていたので、四個師団動員下令の予定日から逆算して八月十日を選んだのであった。ところが、準備陣である十六個師団基幹（第一段の動員と集中）は政府の開戦決定以前に行なうことができる、というのが参謀本部の考えだった。参謀本部作戦部長の田中新一中将の解釈によれば、前に述べた『国策要綱』のなかの「対ソ武力的準備」という字句のなかには「動員」の意味も含んでおり、『要綱』が閣議で承認された以上、政府の開戦決定以前でも、準備陣の動員ならしてもさしつかえないというのだった。そしてその点については、東条英機《とうじょうひでき》陸相や武《む》藤章《とうあきら》陸軍省軍務局長らの明らかな諒解がとりつけてあったという。

しかしこれは、参謀本部、なかでも作戦当局の見解であって、陸軍省事務当局は、用兵規模として、動員しない関東軍現有兵力（朝鮮軍を含めて）以上を考えていず、北方武力解決については徹底した〝熟柿主義〟だった。七月二日開催予定の御前会議で行なわれる参謀総長の天皇に対する説明案を討議したとき、陸軍省側の「武力行使決意と共に武力的準備を開始す」（傍点著者）という案に対して、田中作戦部長が「武力行使決意のもとに武力的準備を整う」（同上）という表現を強硬に主張したのも、要するに一日も早く本格的動員と集中輸送を開始したがっている田中のあせりを示すものだった。六月二十九日、田中が真田穣一郎陸軍省軍事課長（動員の基本に関する陸軍省の主務課長）を呼びつけて、「本格的な動員を実施しろ」とどなりつけた。その声は隣室にまで聞えるほどだったが、真田は聞きいれなかった。こうした田中の態度は、いたずらに陸軍省側の態度を硬化させるのに役立つばかりだった。

こうなっては、ここ数日の戦況が画期的にドイツ側に有利に展開しないかぎり、本格的動員の下令について、陸軍省はもちろん、海軍、政府、ことに天皇の納得を得ることは困難となった。独ソの戦況は、開戦後一週間は外電がしきりにドイツ軍の快進撃をつたえていたが、まだ決定的な見通しがつけられる段階ではなかった。それに意外なことに、極東ソ連軍の西部戦線への移動ははかばかしくなかった。開戦以来西に送られた兵力は、六月二十八日現在で飛行十数中隊、機甲一個軍団、戦車二個旅団、機甲一個旅団、車載二個旅団）、狙撃三個師団にすぎなかった。

一方ドイツ政府からは、六月三十日と七月二日の両日にわたって日本参戦を求めてきた。これに対して、松岡外相や原嘉道《よしみち》枢密院議長のように、南部仏印進駐を中止して対ソ戦に参加すべしと主張する者もあったが、結局七月二日の御前会議は独ソ戦への不介入方針を最終的に決定した。

このような情勢を背景に、陸軍省と参謀本部の間では相変らずはげしい論戦が展開されたが、結局、参謀本部側に同調的な東条陸相が、さしあたり一部動員、つまり十万人程度を教育召集の形で動員するという一種の妥協案を出して、双方を納得させた。

そこで七月一日に、まず主として本土要地防空部隊要員の教育召集が発令された。これが「関特演」のための動員の第一歩だった。つづいて三日に要塞高射砲部隊要員の教育召集が行なわれ、五日から八日にかけては北朝鮮の羅津と永興湾要塞の本戦備、北千島要塞と関釜（下関～釜山《プサン》）連絡地区要塞の準戦備が下令された。

七月五日には、本土の防空を統制指揮するために防衛総司令部の新設が発令され、総司令官は教育総監の山田乙三《おとぞう》大将が兼任し、総参謀長には河辺虎四郎中将が任命された。当時北方武力解決についていちばん心配されたのは、沿海州を基地とするソ連爆撃機の本土来襲だった。当時の本土防空態勢はまったく貧弱で、参謀本部第四課（防衛・防空担当）では、夜ならば十数機、昼ならば二、三十機の爆撃各数回で東京は灰燼《かいじん》に帰するという結論をもち、これではたして対ソ戦ができるのかと疑われるほどだった。そのような情勢が防衛総司令部を生み出したのだが、これはたんなる作戦指揮機関であって統率機関ではなく、その権限は弱かった。これも「関特演」の一産物だったが、天皇はこの処置にかなり難色を示された。七月三日、杉山元《はじめ》参謀総長に対して「いまどきそれを特設する必要があるのか。外部に与える影響はどうであろうか。慎重に考慮を要す」「この制度は公表しないだろうね。外部に発表しないだろうね。人の問題が重大だが、軍の権力を振うための機関となりはせぬか」「陸軍が何でもかんでもやってしまうことが従来往々にしてあったが、その点は特に戒慎を加えなければならぬ」などの下問や指摘があった。杉山は宮中より退下《たいげ》ののち、田中作戦部長に対し、憮然《ぶぜん》として、二・二六事件以後、天皇の陸軍に対する不信がどれほど根強いかを思い知らされた、と語ったという。

『国策要綱』は七月二日の御前会議で採択された。それにともない、本格的動員の規模と下令時機に関し、参謀本部、陸軍省間の折衝はしきりだった。参謀本部でもっとも対ソ開戦に熱心なのは作戦部（第一部）で、彼らは、二十数個師団基幹に応ずる本格的動員はしばらくおくとしても、さしあたり在満鮮十四個師団基幹の動員と、内地からの二個師団およびこれに見合う軍直部隊の動員、そしてその満州派遣は必要だ、と主張した。それどころか、彼らの魂胆《こんたん》は、十六個師団態勢を整えるといいながら、実はその軍直部隊に関するかぎりは、二十ないし二十五個師団基幹の兵力をあらかじめ派遣してしまおう、というのであった。陸軍省でもっとも積極的なのは東条陸相であった。陸軍省軍務局、ことに真田軍事課長と高級課員西浦進中佐は強硬な反対論者だった。彼らは動員下令と閣議決定の関係などの次元で反対しているのではなく、そもそも北方武力解決の機会がはたしてやってくるものかどうか、という本質的な点について悲観的なのであった。

しかし七月のはじめには、真田軍事課長らも在満鮮部隊の動員と、内地航空部隊と軍直部隊の一部の動員と派遣には賛成した。関東軍がいつでも作戦行動がとれるように、平時編制を戦時編制にきりかえておくぐらいのことは必要だろうというわけだった。残るのは内地二個師団（第五十一・第五十七師団）と軍直部隊多数の動員、派遣の問題だった。

極秘裡に動員開始

このような、いつ果つべしとも思われぬ省部の小田原評定に、業《ごう》を煮やした田中作戦部長は、七月四日（？）夜、単身陸相官邸にのりこみ、参謀本部の希望する動員を東条に承諾させてしまった。かねてから田中は東条から高くかわれてはいたが、夕食に東条が一杯きこしめして御機嫌《ごきげん》のところをとらえて、うまくやったともいわれた。

七月七日、東条陸相と杉山参謀総長は動員に関する上奏を行ない、允裁《いんさい》を求めた。この日はちょうど日華事変勃発四周年記念日だったので、明治神宮では「聖戦完遂祈願祭」が行なわれ、夫や息子を戦場に送っている多くの人びとが、平和回復の祈りを秘めて神宮の玉砂利を踏んでいた。そうした動きをよそに天皇は、「どこにもここにも重点がなく、兵力を分散しては、ついに困ることにならぬか。また兵力増強の結果、かえって関東軍が手出しをするに至らないか」と懸念されつつも、「動員はこの際やむを得ないものと認める」と、結局は許可を与えられたのであった。

これで必要な手続きはすべて終った。七月十三日、内地の約三百にもおよぶ多数の大小さまざまな部隊がまず動員された（第一次動員）。同時に、在満鮮部隊動員のための整備、人馬の内地での召集徴発が発令された。十四個師団基幹の在満鮮部隊と内地二個師団の動員は、十六日の第二次動員として行なわれた。第二次動員における軍直部隊と航空部隊の数は実に約四百五十という多さであった。この動員は極力秘密のうちに行なわれた。そのため、動員令の伝達は電報のかわりに書簡で行なわれ、また召集令状の「充員召集」は「臨時召集」、「動員」は「臨時編成」ということばにおきかえられ、応召者の壮行会や歓送もいっさい禁止された。

こうして動員された部隊のほとんど大部分は関東軍司令官の隷下《れいか》に編入され、最初の日程から二日遅れただけの七月二十二日から集中輸送が開始された。満鮮の上陸地は大連、釜山、馬山、麗水等であり、朝鮮を通過する人馬の一日の最大数は人一万、馬三千五百という計画だった。

このように未曾有《みぞう》の膨張ぶりを示した関東軍では、兵力二十個師団基幹の場合は、各一個師団を北と西にあてて持久態勢をとり、四個師団を関東軍予備とし、十四個師団で東正面（沿海州方面）に攻勢をとって、ウォロシーロフ北方に向い殺到する、という計画をたてていた。彼らは東正面では「捕捉殲滅の自信あり」と豪語していた。

進む参謀本部の準備

第一次動員令がくだされた同じ七月七日、独伊両国に派遣されていた山下奉文《ともゆき》中将らの軍事視察団が帰国して、ドイツ軍の圧倒的優勢を伝えた。山下が、北方問題については「ちょっとは渋くても木をゆすぶって取った方がよい」と手で木を押すまねをして具申したのに対し、東条陸相が小さな声で「承っておきます」と逃げたとも伝えられた。山下は、帰国に先立って軍事参議官、帰国後まもなく関東防衛軍司令官に任命された。この任務は、関東軍司令官の隷下にあって満州内陸の防衛に当る司令部で、やはり「関特演」の産物のひとつであった。ただし東条は、七月半ばに第二次近衛内閣の総辞職が決定されたとき、急いで山下の関東防衛軍司令官任命の手続きをとり、次期陸相候補者として有力な山下を満州に追いやり、首尾よく七月十八日成立の第三次近衛内閣の陸相に就任した、と噂された。

一方、ソ連駐在の建川美次《たてかわよしつぐ》予備役陸軍中将も、「モスコーの陥落の如き今や時期問題たるの感なき能わず」という情報をもたらした。そうなると参謀本部でも、極東ソ連軍兵力の西送増大は不可避であり、したがって日本の攻勢開始の日は近づいた、とみるようになった。その間に、対ソ戦を主張する陸軍側と、南部仏印進駐ひいては対英米戦を覚悟する海軍側との間に感情的ともいえる烈しい対立があったが、海軍側は七月にともかく対北方戦備として第五艦隊を新設した。

さて準備陣態勢の整備は軌道にのり、軍直部隊に関するかぎりは、前にもふれたように、すくなくとも二十個師団に相応する兵力（実際にはそれ以上の兵力）の満州派遣が発令され実行された。しかし、それ以上の軍直部隊は中国戦線から転用する以外に手はなかった。だから、いよいよ武力解決にのりだす場合の兵力規模、いいかえれば師団数と用兵計画についての研究が参謀本部で行なわれた。その結果、七月十日ごろには、極東ソ連軍の西送が思ったほど活発でないことを考慮にいれて、二十五個師団基幹により東方・北方両方面から攻撃する案にしだいにかたまりつつあった。その場合必要とするのは、実に人百二十万、馬三十万であった。しかしこの案を参謀本部が強く主張すると、陸軍省に反対されて実行不可能になるおそれがあったので、参謀本部は、その日程に組まれている八月十日の閣議または御前会議までに、独ソ戦局がドイツ側に有利に展開することをひたすら待ち受けた。また参謀本部は、このような用兵計画ばかりでなく、田中作戦部長を中心に戦争指導計画の研究を進め、その一環として『対ソ戦争に伴う満州国取扱要領』が決定され、『武力解決発動に伴う占領地行政に関する研究』も行なわれた。

「関特演」に異議と不安

このように、着々参謀本部の準備は進められたが、かんじんの極東ソ連軍の西送は相変らずはかばかしくなかった。七月十二日現在で、狙撃兵団は五個師団程度、機甲軍団は戦車五個旅団程度、つまり独ソ開戦当時の兵力に対して、前者では一七パーセント、後者では三分の一が西送されたにすぎなかった。やがて圧倒的に有利とみられたドイツ軍は、七月十一日以来モスクワの正面玄関であるスモレンスク地区の攻防戦に入ったが、七月なかば以来、戦線はようやく膠着《こうちゃく》した。それにつれて、当時の参謀本部の『機密戦争日誌』のなかにも「独ソ戦の推移明快を欠く。東京連日の雨に似たり」「スターリン政権の靭強性予期に反し強し。……少くも独の作戦の終末を以て戦争を終結せしめ得る公算は減少しあるが如し」などの悲観的な文字がチラホラ見出されるようになった。七月末の田中作戦部長の観測も、例外ではなかった。

しかしそうなっても、参謀本部は対ソ戦に対する研究と準備はやめなかった。七月二十七日には、華中から二個師団（第四・第六師団）、華北から三個師団（第二十一・第三十三・第四十一師団）を北満に転用し、これに内地から動員派遣する四個師団を加えれば、いわゆる二十五個師団基幹の態勢ができあがるという結論をうちだした。ところが、これに対して支那派遣軍総司令官畑俊六《はたしゆんろく》大将から横槍《よこやり》が入った。七月三十日、畑は参謀副長野田謙吾中将を東京に派遣し、派遣軍から五個師団も北に転用するという処置は、日華事変処理の根本を忘れ、国民との公約を無視する一大事だと、意見を具申したのである。結局、派遣軍からの兵力抽出は行なわれずじまいにな

って問題は重大化しなかったが、このことは中央と派遣軍の間で諒解ずみになってい
たので、参謀本部は畑の突然の意見具申に不愉快な印象を与えられた。
天皇も相変らず「関特演」には不安の気持を持ち続けられていた。七月三十一日杉
山参謀総長が参内したとき、天皇は「関特演」が各国に悪い影響を与えていることを
指摘したうえで、「そんなことを続けていては、日本の立場は悪くなるばかりであ
る。一方極東ソ連軍の西送もしなくなるではないか。それでは困る。関東軍の動員は
将来やめてはどうか」とまでいわれた。
それでも参謀本部は、対ソ動員集中をやめるつもりはまったくなかった。参謀本部
は、対ソ作戦行動開始の見とおしがどうであろうと、関東軍の兵備充実は計画どおり
やりたかった。その理由は、第一に、関東軍の充実は多年の懸案であり、平時警戒の
場合にも必要な十六個師団態勢を整えるには、今をおいてはまたと機会がないと考え
たからだった。第二には、ほとんどさけることのできない米英相手の南方戦に備える
ためには、今日ぜひとも関東軍不敗の態勢をかためる必要を感じていたからだった。
七月三十一日、田中作戦部長は東条陸相と会談した。対ソ戦を行なうかどうかを決
定する時機が段々せまってきたので、陸相の真意を事前に打診するとともに、参謀本
部の意図を誤りなくつたえるのがその目的だった。その結果、田中は、満州方面対ソ

作戦の規模として、最終的に二十四個師団案について東条の同意をとりつけることができた。つまり前にも述べた中国からの抽出転用五個師団のほか、内地から第二・第十六・第五十六の三個師団を動員派遣し、合計二十四個師団基幹で東正面攻勢一本に徹する考えをかためていた。そのほか樺太作戦のためには、第七師団と樺太混成旅団を主体として第二十六軍を編成し、カムチャツカ作戦には第五十五師団をあてる計画だった。いずれも八月上旬に決意すれば、一ヵ月後の九月上旬に作戦を開始することはできる見込みだった。

「独断進攻を予期す」

このころ、参謀本部は日本軍の満州向け集中輸送の本格化にともない、ソ連軍がそれを日本の開戦行動であるとみて、先制攻撃、とくに航空攻撃をかけてくるのではないか、と心配した。そこで田中作戦部長はまず東条陸相を説得し、杉山参謀総長から天皇に対し、ソ連軍の先制攻撃を受けることがあるかもしれないということを、とりあえず上奏しておくことになった。上奏は、七月三十一日第二段動員部隊の満州派遣に関する大命の允裁《いんさい》を求めたあとで行なわれた（大命允裁にあたり、天皇からは「むやみにやらないだろうね」というダメ押しがあった）。

この報告にはかなり重要な意味があった。なぜなら、形式からいえば、このとき、ソ連の先制攻撃を受けた場合、当然とらなければならない処置をたんに報告したまでのことで、別に允裁を求めたわけではなかったのだが、実はその処置というのは、航空に関するかぎり、大命降下を待たずに主力航空部隊で反撃と越境を行なう、というものだったからである。つまりそれは実質上の開戦行動であり、この上奏は大命にもとづかずに、実質上の開戦行動をとるということを、事前に報告した結果になるのであった。天皇はこの上奏に対し何の意思表示も行なわれなかった。だから黙認したともとれたし、不満または不同意だと察することもできた。もっとも今までからいうと、重大問題に対して返答のないときは不満の場合が多い、ということであった。

ところで、それから数日もたたない八月二日の夕刻、関東軍情報主任参謀の甲谷悦雄中佐から、参謀本部に対し直通の秘密電話があり、東部国境方面のソ連軍が無線封止をはじめた、と知らせてきた。これを聞いて中央部は、ソ連の先制的航空攻撃が杞《き》憂《ゆう》ではなかったというわけで、にわかに色めきたった。しかしこの無線封止と思われたのは、実はデリンジャー現象であったことが、その夜に判明した。疑心暗鬼である。

それにもかかわらず陸軍中央部は、ソ連軍の航空攻撃問題をめぐって、緊張と論議

軍司令官梅津美治郎中将

でわきかえった。ことに二日の夜、梅津美治郎関東軍司令官から「敵の大挙空襲ある時は中央に連絡するも、時機を失する時は独断進攻すべきことあるを予期す」と電報してきたので、中央部はおりかえし「国境内に反撃を止むることを原則とす。中央は関東軍が慎重なる行動をとらるべきを期待しあり」と返電したものの、そこには一刻も早く解決を必要とする重大な問題が含まれていた。

なるほど前日の上奏で、関東軍の飛行機が応戦攻撃のため満州国の領土外に進攻することがあるということについて、天皇の実質上の許しが与えられたような結果にはなっていた。しかし結局は、大陸命（「大本営陸軍命令」の略称）が出ないまえに、関東軍司令官が独断開戦を行なうようになっては、陸軍に対する天皇と政府の信頼を根本的に失い、陸軍の国策指導権を自分から放棄する結果を招く（満州事変のときその先例がある）。また陸軍統帥部としては、このような場合、関東軍司令官の納得のいく指示を与え、中央統帥部である参謀本部自身が責任をとることを明らかにしないなら、対ソ作戦の指導など思いもよらないことになる。ところが大陸命は、事の性質上、政府の同意を取り付けておかなければ、天皇の允裁が得られそうもなかった。だからどうしても政府に開戦決意をかためさせる必要があった。

対ソ「応戦」の大陸命

そこで八月三日未明、省部関係者の間で、「ソ連の本格的進攻に対しては、機を失せずこれに応戦するとともに、閣議で速かに開戦決意をするように処置する」という主旨の『対ソ態度案』をとりいそいでまとめあげた。そしてその日のうちにこれを海軍側に示したが、海軍は北方に関する「開戦」などという字句の入った国策案などまっぴら御免だという態度で、頭から相手にしなかった。海軍、ことにその統帥機関である軍令部は、対米英戦必至の空気で緊張しており、陸軍お手のものの謀略的処置で北方に引きずられるのを極度に警戒したのである。一時の海軍の態度は、「陸軍は陸軍で勝手にやる。単独上奏、大命を仰げば可なり」と田中作戦部長をいきまかせたほどであったが、その後すこしは歩みよりをみせて、八月五日に『日ソ間の現情勢に対し帝国の採るべき措置に関する件』という名の陸海軍の合意案ができた。そのなかには「ソ側の真面目なる進攻に対しては防衛上機を失せずこれに応戦す」という、なくもがなの一条があるだけで、もとより開戦決意を既成事実とするような内容は含まれていなかった。だから陸軍側にはこれを〝腐ったような作文〟と罵倒する向きもあったが、ともかく〝応戦〟が国家意志として改めて確認し採択された点に、いささかでも意義を認めてがまんする以外になかった。

この陸海軍合意案は、八月六日の大本営・政府連絡会議で原案どおり可決された。しかしそうなるまでに会議はもめにもめた。ことに「防衛上応戦す」ということは自明の理だとか、これを空中攻撃の場合に限定した方がよいなどの集中攻撃を受け、杉山参謀総長は四面楚歌のうちにおかれた。このありさまを、傍聴していた陸軍省軍務課の一中佐は「近衛、平沼（騏一郎、内相）、豊田（貞次郎、外相、海軍出身）純理にて反対、参謀総長赤恥。但し遂に成立す」と日記に書いた。

会議のいきさつはともかく、陸海軍合意案は決定となったので、同日天皇に上奏、允裁され、大陸命が発令された。

大陸命第五百二十三号

命　令

一、関東軍司令官は露軍航空部隊の真面目なる進攻を受くるに方《あた》り状況已むを得ざ

るときは現任務達成の為航空部隊を以て露領内に進攻することを得

二、細項に関しては参謀総長をして指示せしむ

昭和十六年八月六日

奉勅伝宣　参謀総長　杉山

関東軍司令官　梅津美治郎　殿

この大陸命にもとづく細項に関する参謀総長の指示は次のとおりであった。

大陸指第九百十八号

指　示

大陸命第五百二十三号に基き左の如く指示す

露軍航空部隊の真面目なる進攻を受け之が攻撃の為已むを得ざるとき航空部隊を以て露領内に進攻する場合概ね左の如し

満州（関東州を含む）の主要航空基地、主要軍事施設、主要中枢都市等に対し真面目なる攻撃行動を受けたる場合にして当時に於ける爾他《した》の状況と相俟ち、露側の開戦企図明瞭なりと判断せらるる場合とす右の場合に於ても満領内に於

て之を攻撃するを本則とす

昭和十六年八月六日

参謀総長　杉山

関東軍司令官　梅津美治郎　殿

抑えられた対ソ挑戦

一方、八月一日以来の連絡会議で討議されていた『対ソ外交交渉要綱』が最終的に採択された。その内容は次のとおりであった。

一、差当り左記案件に付対ソ折衝を行う。但帝国将来の企図に拘束を与えざる様留意す

1、極東水域の撤廃乃至は右水域の帝国に及ぼす損害の除去

2、東亜に於けるソ領に付第三国に対する割譲、売却、租借、軍事的拠点提供等を為さざること

3、ソ連邦と第三国との軍事同盟の適用範囲を東亜に及ぼさざること、及第三国との間に帝国を目標とする同盟等を締結せざること

4、援蔣行為の中止及中国共産党に対する抗日指令及援助の中止
5、北樺太利権事業の完全稼行確保
6、満ソ抑留人員及物件交換
7、ノモンハン地方国境劃定作業は従来通り継続す。満ソ、満蒙間全般的国境に関する交渉は之を見合わす
(註)(イ)以上の中特に2、3、及5、に重点を置く
(ロ)ソ側に於て中立条約を厳守し又極東に於て脅威を与えざる限り、帝国は日ソ中立条約の義務を守るべき旨を明にす

二、前項外交交渉の経過、我対ソ武力的準備進捗の度、独ソ戦の推移及国際情勢並に其後の我方企図との連繫を考慮しつつ、左記案件の一部又は全部に付交渉す

1、漁業条約（従来の交渉経緯を離れ、我方当初の主張を貫徹するを目的とす）
2、北樺太買収又は割譲
3、カムチャツカ地方の帝国への租借、割譲等
4、黒竜江以東のソ領の帝国への租借割譲又は非武装地帯化等
5、其の他の極東ソ領の非武装地帯化等

三、交渉方針（略）

そして豊田外相は翌五日にソ連大使のスメターニンを呼んで、『対ソ外交交渉要綱』の第一項の内容を申し入れたうえで、「独ソ戦と日ソ中立条約（昭和十六年四月十三日調印）との関係や、日独伊三国同盟と中立条約との関係については色々な法律論も成り立つが、それらは別として、自分は率直に日本は中立条約の各条の義務を誠実に履行する意向であることを言明する」と述べた。

『対ソ外交交渉要綱』は日本に有利な条項の羅列であった。このかぎりでは参謀本部も異論がなかったが、豊田外相は日ソ中立条約をソ連が守る以上、こちらから進んで理由もなしにソ連を討ってはならないと主張して、たくみに連絡会議のメンバーの諒解をとりつけ、『要綱』第一項の註(ロ)のうちにこれを明記し、ソ連大使にも言明した。七月二日以来参謀本部が主張した対ソ嚙みつき政策は、ここで実質上葬りさられたと同様になった。「故なく討たない」ことを連絡会議が承認し、ソ連側へも通告した以上、チャンスを捕えてたちあがることが対内的にも対外的にも不信行為だということは陸軍側にもわかっていた。先にみたように、八月六日の連絡会議で、『日ソ間の現情勢に対し帝国の採るべき措置に関する件』が、紛糾のあげくではあったが採択され、大陸命が出されるところまで持ちこんだものの、これによって、しゃにむにこちらがソ連に戦いを挑むことはできなくなった。

こうして参謀本部は八月九日、ついに独ソ戦争の推移がどうあろうと、昭和十六年度内の北方武力解決をあきらめることとし、南方に専念するという、いわば陸軍省側の方針をとりあげた。そのとき決定した『帝国陸軍作戦要綱』のあらましは次のとおりであった。

一　在満鮮十六個師団で対ソ警戒を厳重にする
二　中国に対しては既定の作戦を続行する
三　南方に対しては十一月末を目標として対英米戦備を促進する

「最後の御奉公」（東条陸相のことば）だと意気ごんで、長年の仮想敵であるソ連に対し、乾坤一擲《けんこんいってき》の決戦を試みようという参謀本部のたくらみは、一場の夢としてはかなく消え去ったのである。

このとき、すでに北満には約七十万の兵力、馬約十四万、飛行機約六百が集中輸送されていた。作戦準備のため、満州、朝鮮に集められた作戦資材は、その後何回か南方や内地に転用されたにもかかわらず、終戦のとき、全量の約五割が残るほど莫大だった。原善四郎参謀が兵隊の欲求度、持ち金、女性の能力等を綿密に計算して、飛行機で朝鮮に出かけ、約一万（予定は二万）の朝鮮女性をかき集めて北満の広野に送り、施設を特設して〝営業〟させた、という一幕もあった。

　関東軍は、いまだかつてないほどに膨張した。わずか二個師団、やや遅れて駐劄《ちゅうさつ》一個師団と独立守備隊六個大隊しか持たなかった関東軍は、満州建国以来しだいに膨張をかさね、「関特演《かんとくえん》」を機会に

関東軍部隊の転用一覧表

年	月	区分	部隊	数個
昭和18年	10月	地上部隊	第二方面軍司令部（チチハル）	
			第二軍司令部（間島）	
			機甲軍司令部（四平）	
	11月	地上部隊	第三独立守備隊	
			第四独立守備隊	
			兵站警備隊	数個
			独立工兵大隊	四
			独立工兵連隊	一
			戦車連隊	一
			高射砲大隊	二
昭和19年	2月	地上部隊	第二十七師団（錦州）	
			第二工兵司令部	
			独立工兵大隊	三
			独立輜重兵大隊	二
			独立自動車大隊	六
		航空部隊	第十二飛行団	
			第六、七直協飛行隊	
			第五飛行団	
			飛行第三十二戦隊	
			飛行第九戦隊	

全盛期を迎えた。そしてあわや〝北向きの軍隊〟としての性能を全面的にテストされようとして、土壇場で中止された。こののち、水ぶくれの関東軍は南方戦線の情勢に応じて、昭和十八年（一九四三年）の八月ごろから、また急激にやせほそっていった。

開戦で南方戦線へ転用

日本海軍による真珠湾奇襲作戦からはじまった米英相手の太平洋戦争は、初めのうちこそ日本軍の南方諸地域での進攻作戦が華々しかったが、やがて昭和十七年（一九四二年）六月のミッドウェー作

昭和19年

月	部隊	数
2月	第十四師団（チチハル）	
2月	第二十九師団（遼陽）	
2月	鉄道連隊	一
2月	戦車連隊	一
2月	鉄道材料廠	一
2月	架橋材料中隊	四
2月	迫撃砲大隊	一
2月	有線、無線部隊	若干
2月	独立野砲兵大隊	二
2月	迫撃砲大隊	一
2月	野戦高射砲大隊	一
2月	有線、無線部隊	若干
2月	第一―七派遣隊*	
2月	高射砲連隊	一
2月	戦車連隊	一
2月	独立自動車中隊	三
3月	独立工兵連隊	一
3月	独立山砲兵連隊	一
2月	飛行場大隊	二
2月	飛行第八十五戦隊	
2月	独立飛行中隊	二
3月	第十九航空地区司令部	
3月	飛行場人隊	二

戦で日本海軍が敗れさってから、アメリカ軍はようやく反攻に転じ、十八年春から南東方面で行なわれた日米の攻防戦において、日本軍はまったく苦境に追いこまれた。そうなったとき、北満の広野に、ただ対ソ警戒だけのために駐留している関東軍の大兵を、中央部が放っておくはずがなかった。そこで中央部は関東軍から次々に兵力を引き出して、南方戦線に転用しようとし、関東軍も苦しいときはおたがいさまだとして、やむなく兵力を手放していくのであった。

　その転用のすさまじさ、うらが

昭和19年			
3月	移動修理班	若干	
3月	戦車連隊	一	
3月	独立重砲兵大隊	一	
3月	兵站病院	若干	
3月	患者輸送小隊	若干	
4月	第九、十派遣隊		第二十九航空地区司令部	
4月	海上機動第二旅団		飛行場大隊	九
4月			第二飛行団司令部	
4月			飛行第六戦隊	
4月			飛行第四十八戦隊	
4月			航空特種通信隊	二
4月			第十三航空地区司令部	
5月	野戦重砲兵連隊	一	第六航空通信連隊	
5月	通信部隊	若干	第二飛行師団司令部	
5月			第十三飛行団	
5月			戦闘戦隊	三
5月			第六飛行団	
5月			襲撃戦隊	二

えせば南方戦線の苛烈《かれつ》さは、下表に一目瞭然としている。完全な師団だけでもその数二十個師団にのぼり、その大部分は編成装備、教育訓練の優秀な〝精鋭兵団〟であった。また航空部隊は、表のほかにも、第二航空軍隷下《れいか》から選択した特別攻撃飛行隊第十三隊を、フィリピンあるいは沖縄方面の決戦場に送ったのである。

「防衛を行わざること」

このような状態に対処する手段として、関東軍は対ソ「静謐《せいひつ》確保」（静かさを保つ）というスローガンをかかげて実行した。この

昭和19年		
5月		
	第十飛行団	
	司偵戦隊	二
	襲撃戦隊	一
	第四飛行師団司令部	
	第六、第十航空地区司令部	
	飛行場人隊	一〇
	対空無線隊	三
	航空修理廠	
	第七野戦航空補給廠	
	第五飛行団	
	飛行第三十二戦隊	
	飛行第七十戦隊	
	第二航空通信司令部	
6月		
	第九師団（牡丹江）	
	野戦重砲兵連隊	一
	独立速射砲大隊	四
	戦車連隊	一
	第六十八旅団（公主嶺）	

スローガンの持つ具体的な意味は、要するに、相手に対して強大をよそおって弱味をみせず、同時に万事控え目にして、相手に刺激を与えず、たとえ相手から刺激されても、じっとがまんすることであった。もっとも、これは太平洋戦争開始と同時に日本国策の根本方針として守られていたのだが、そのころはまだドイツ軍がソ連領内に進入して攻勢をとっていたので、「静謐確保」はやりやすかった。

　ところが昭和十七年後半からアメリカ軍の反攻がめざましくなり、ソ連戦線のドイツ軍もスター

昭和19年		
第二十八師団（ハルビン）	7月	
	第二十四師団（林口）	
	通信部隊	若干
	野戦重砲兵連隊	二
	独立速射砲中隊	六
	独立重砲兵大隊	一
	独立工兵大隊	一
	第八師団（綏陽）	
	独立混成第二十五連隊	
	独立混成第二十六連隊	
	兵站勤務中隊	若干
	兵站病院	若干
	電信連隊	一
	第一師団（孫呉）	
	戦車第二師団（勃利）	
	航空特種通信隊	
	飛行場大隊	一〇
	第四十四、四十五航空地区司令部	
	第十対空無線隊	

リングラード作戦に失敗して、しだいに後退を余儀なくされるとともに、この戦局の影響が今まで「静謐」だったソ満国境にも波及するようになり、逆に関東軍の兵力も次々にひきぬかれたので、「静謐確保」は困難になった。

昭和十九年（一九四四年）の七月末には琿春正面の五家子陣地に、また、八月上旬には満州里《マンチユリ》北方モンゴシリー付近でソ連軍の進出や侵入放火などが行なわれた。この二つの事件発生を聞いて、大本営は関東軍に対し、「特に兵力を絶対に行使せざる方針に基き、同方面に対しては兵力を移動せし

昭和19年

月	部隊	数
7月	第十師団（チャムス）	
7月	独立臼砲連隊	一
7月	独立速射砲中隊	四
8月	野戦作井中隊	四
8月	独立自動車大隊	数個
8月	独立輜重兵大隊	数個
8月	第一野戦輸送司令部	
8月	第五砲兵司令部	
8月	独立戦車大隊	一
9月	第二十軍司令部（鶏寧）	
10月	第六野戦輸送司令部	
10月	有線中隊	若干
10月	第二十三師団（ハイラル）	
10月	飛行場大隊	
10月	第四十九航空地区司令部	
10月	第一独立飛行隊	
11月	独立野砲兵大隊	一
11月	勤務中隊	一二
11月	飛行第七十戦隊	
11月	飛行場大隊	一
11月	飛行第二十八戦隊	
11月	独立飛行中隊	二

むることをも避け、たとい現在国境警備隊を配置しある後方台地を彼に占領せらるるに至るも、兵力を行使せざる如く希望し、状況真に止むを得ずこれを行う場合は必ず中央の認可後とすべきこと」（傍点著者）と打電した。三年前の「関特演」のときとくらべて、何と弱気になった大本営だろう。

七月十三日には、中国方面から満州鞍山《あんざん》に対するアメリカ空軍の初空襲があり、九月八日にはさらに二回目の空襲が行なわれた。関東軍はこれを機会に満州国にも米英に対する宣戦布告をやらせようとしたが、大本営は過度の刺激を

	12月	第十二師団（東寧）		
昭和20年	1月	第七十一師団（チャムス）		第五十航空地区司令部	
		第六軍司令部（ハイラル）		飛行場大隊	三
	2月	電信連隊	一	第八野戦航空修理廠	
	3月	戦車第一師団（寧安）		第二飛行団司令部	
		迫撃砲大隊	一	飛行第九戦隊	
		野戦重砲兵連隊	二	飛行第四十八戦隊	
		第二十五師団（鶏寧）		飛行第六戦隊	
		独立自動車大隊	二	独立飛行第四十一中隊	
		電信連隊	一	第一独立飛行隊	
		独立工兵連隊	一		
		独立重砲兵大隊	二		
		砲兵情報連隊	三		
		電信連隊	三		
		第八砲兵司令部			

ソ連に与えるという理由で、それも許さなかった。さらに九月十八日の満州事変記念日には、太平洋の戦況がいよいよ苦しくなったので、ソ満国境の紛争防止の方針をさらに徹底し、具体化する必要があるというわけで、大本営から関東軍に対し、次のような指示が行なわれた。

　満州国中その所属に関し、隣国と主張を異にする地域及び兵力の使用不便なる地域並に国境紛争発生の惧《おそれ》ある地域の兵力を以てする防衛は、これを行わざることを得《う》。

昭和20年	
3月	
独立重砲兵大隊	一
第十一師団（東安）	
第三工兵司令部	
第一砲兵司令部	
独立重砲兵大隊	一
野戦重砲兵連隊	一
第七野戦輸送司令部	
牽引車中隊	二
兵站病院	若干
第百二十一師団（ハルビン）	
第百十一師団（東満）	
第百二十師団（東満）	
第七砲兵司令部	
独立臼砲大隊	
第五十七師団（山神府）	一

＊在満各師団より歩兵団司令部、歩兵三個大隊、砲兵一個大隊、工兵一個中隊を抽出した。

又国境付近における事件の発生に方《あた》り、事件の拡大を避くるため、状況に依り兵力を以てする防衛を行わざることを得。

関東軍には、満州国建国以来「満州国の防衛に任ずべし」という任務が与えられていたのだが、ここにきて、ある程度これが解除され、ソ連軍進入の場合も手をこまねいて泣き寝入りしろ、という指示が与えられたのである。

こうして昭和十九年後半期からは、中央部も関東軍も、ソ連に対してまるで腫《は》れものにでもさわるようなありさまになった。「関特演」時代の意気込みどこへやら、であった。

そうした関東軍にも、もちろん作戦計画はあった。昭和十九年九月十八日の満州事変記念日に、大本営は今までの作戦計画からみれば百八十度転回の、全面的持久作戦構想を関東軍に与えた。その『帝国陸軍対ソ作戦計画要領』は、満州国境方面の前方要地でソ連軍を撃破するとともに、満州の面積が広いのを利用して、ソ連軍の侵入をはばんで持久戦を行ない、やむをえない場合も、満州東南部から北鮮にわたる地域を確保して長期持久をやろう、というのだった。攻めの関東軍から守りの関東軍にきりかえられたのである。

「暴走」関東軍の遁走

昭和十九年十一月七日、ソ連革命記念日に、スターリンが日本を侵略国ときめつけた演説を行ない、翌二十年（一九四五年）二月下旬から、シベリア鉄道によるヨーロッパ・ロシアからの兵力東送が開始された。これが関東軍にとって重大な警告を意味したことはいうまでもない。そして四月五日、ソ連は、日ソ中立条約の一方的廃棄を通告してきた。ヨーロッパでは五月八日、ドイツはついに全面的屈伏を余儀なくされ、戦局の行方が定まった。ここにソ連の対日参戦は、時間の問題となった。

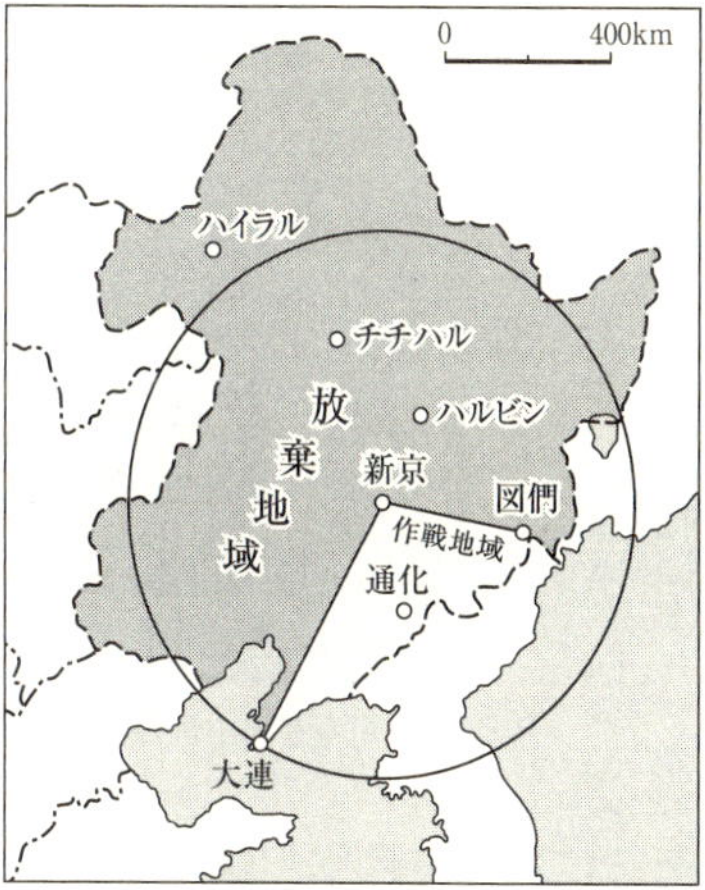

作戦および放棄地域

　昭和二十年五月ごろの大本営と関東軍では、年度内にソ連が対日武力発動をやる公算は大きいとはいえないが、八、九月ごろからのちのソ連の対日態度には厳重な警戒が必要だ、と考えて

総司令官山田乙三大将

いた。これに備えて五月三十日、大本営は関東軍の完全な作戦態勢への切換えを命令し、また『満鮮方面対ソ作戦計画要領』を与え、これにもとづいて対ソ作戦準備を行なうことを指令した。その内容は「関東軍は京図線（新京～図們）、連京線（大連～新京）以東の要域を確保して持久を策し、大東亜戦争の遂行を有利ならしむべし」というのであった。もとよりこれは大本営の本土決戦の一環として考えられたもので、要するに全満の四分の三は放棄しても、通化を中心とする東辺道地帯にたてこもって、大持久戦によりソ連軍をここに釘付けにしろ、という命令だった。

そう聞けばこれもいちおうもっともな計画だとはいえる。だがこうなっては、もはや関東軍はかつての独走を棄てて、「遁走」に早変りし、断末魔の苦しみにあえぐものといえた。また「王道楽土」を売り物にして日本が作った満州国などは、もう一顧の値打もないものとして、見棄てられたのである。

参謀総長の梅津《うめづ》美治郎《よしじろう》大将が、天皇の命令により、六月四日大連に来た。そして関東軍総司令官（昭和十七年十月一日総司令官がおかれた）の山田乙三大将と、支那派遣軍総司令官の岡村寧次大将とに右の『作戦計画要領』などをつたえると同時に、戦局について懇談した。また新京の関東軍総司令部では十四日兵団長会同を行ない、隷下各軍をそれぞれ計画作成にとりかからせ、また作戦準備の開始をうながした。しなければならない準備は、関東軍総司令部から末端の小部隊にいたるまで、やまほどあった。

ところが、部隊の転用や改編による変動がはげしく、また資材や指導員の不足などのために、それもなかなか思うようにはかどらず、関東軍当局を不安と焦燥におとしいれた。関東軍築城部を改編増強して関東軍建設団を編制し、これを中心に全軍的築城（最終的抵抗陣地である複廓築城を含む）にとりかかるほか、六月末ごろからは満州国軍約三万、満州国勤労奉公隊なども動員して、築城におおわらわだった。

- 関東軍総司令部
  - 第一方面軍
    - 第三軍
    - 第五軍
  - 第二方面軍（南方抽出）
  - 第三方面軍
    - 第三十軍
    - 第四十四軍
  - 直轄部隊
    - 第四軍
    - 第三十四軍

ソ連軍進攻当時の関東軍編制

他方、昭和二十年を迎えるとすぐに、大々的な軍司令部の移動が行なわれた。この年の早春に掖河の第三軍司令部を間島《かんとう》に、東安の第五軍司令部を掖河に移し、それにともなって牡《ぼ》丹江《たんこう》の第一方面軍司令部は戦争開始とともに敦化に移転させることにして、秘密にその準備をさせた。西部方面では初夏のころまで奉天にあった関東防衛軍司令部を鄭家屯《ていかとん》に進めて、今まで穴になっていたその正面の防衛をかためると同時に、野戦軍としての性格をこれに与えて第四十四軍司令部とし、チチハルの第三方面軍司令部を一挙に奉天に移して、広く中南満の防衛と作戦とを担任させることにした。それにともなって孫呉の第四軍司令部をチチハルの元第三方面軍司令部の庁舎に移し、北正面と西北正面の防衛と作戦を担当させた。これらの軍司令部の総移動は、居留民はもちろん、関東軍部内にも相当大きなショックを与えた。ことに第三方面軍司令部のチチハルから奉天への後退には、「夜逃げした」と非難するものもあった。

“張り子の虎”部隊

また兵力配備の面でも、六月から七月にかけて、まず中国戦線から第六十三・第百十七・第五十九・第三十九の四個師団を満州に転用し、同じく華中戦線から引き出した第三十四軍司令部を北鮮に配置してその方面の防備をかため、新しく第三十軍司令部を編成して南満防衛の作戦目的に応じられるようにした。さらに、いわゆる満州の根こそぎ動員を行なうとともに、残存国境守備隊の復帰解消、満州国軍の整理改編による資材の流用などにより、八個師団、七独立混成旅団と一独立戦車旅団を新設し、別に一個師団その他の動員を計画した。それらの総合的結果として、昭和二十年七月末の関東軍の主要兵団は二十四個師団、九混成旅団、一機動旅団をかぞえ、兵員の数だけは七十万に達した。

　だが、これらの新設兵団は編制も装備も素質もお話にならないほど悪かった。なにしろ「止むを得ざれば差当《さしあた》り兵器、資材を欠くも可なり」という悲愴な覚悟で急造された、現地自活主義の軍隊だったので、それもやむを得なかった。だから今までの精鋭関東軍の一個師団の戦力を一として換算するとき、関東軍の当時の戦力は実に八個師団半にしか当らなかった。かつては〝泣く子もだまる〟といわれた関東軍も、ここに竹槍装備の〝張り子の虎〟部隊になりはてたのである。

	昭和十九年末	昭和二十年七月末
人員	約七〇万	一三〇万
飛行機	約一、五〇〇	五、五〇〇
戦車	約一、〇〇〇	四、〇〇〇
狙撃師団	約二〇	四〇
狙撃旅団	約二〇	—
飛行師団	約二〇	—
戦車旅団	約二	—

関東軍判断の極東ソ連軍兵力

　それに反比例して、昭和二十年の五月ごろから極東ソ連軍の増強率は急角度で上昇し、関東軍では七月末、つまり日ソ開戦直前の兵力を前年末とくらべて、上の表のような結果になると判断した。ただし、終戦後ソ連の一将校が、この関東軍の対ソ兵力判断を聞いて、小首をかしげて笑いながら、「まだそれより多かった」といったそうである。日ソ両軍の兵力比は、昭和十六年の「関特演」の場合と、まさにさかさまになったのである。

六月ごろからは、ソ連軍の自動車類の鉄道輸送のふえたことが、日本の国境監視部隊の目をひいた。これはもはやソ連軍が後方部隊の輸送に移ったことを意味した。また各方面でソ連軍が兵力や軍需品を国境方面に送るのも認められた。七月二十六日には米英ソ三国の巨頭が集まって、対日終戦条件と戦後処理方針に関するポツダム宣言を発表した。

そうなると大本営の対ソ判断も、「軍・政両面から諸情勢を綜合すると、今年の初秋が、ソ連軍の対日動向に関し、最大の危機と判断する」というように変化した。五月ごろの判断には少しはゆとりがあったが、今度のにはそれがなかった。

関東軍の判断はもっと甘かった。準備の未完成な彼らとしては、今年の夏秋が危いと思いながらも、おそらく極東ソ連軍後方部隊の完全集中は十月以後になり、十一月ともなればソ満国境は氷雪にとざされるので、結局昭和二十一年（一九四六年）の解氷期を待って出てくるのではないか、という希望的観測を行なった。八月五、六日ごろには、虎林方面のスンガチャ河地区でソ連兵の小部隊の越境事件があったり、綏芬《すいふん》河《が》正面でソ連部隊の移動が活発化したなどのことがあったが、それがそのまま全面進攻の前兆だとは考えなかった。もっとも考えたところで、別にうつ手はなかった。

敗走、混乱そして終焉

昭和二十年八月九日午前一時ごろ、牡丹江の第一方面軍から「東寧、綏芬河正面の敵は攻撃を開始せり」、ついで「牡丹江市街は敵の空爆を受けつつあり」という電話報告が関東軍総司令部に入った。午前一時半ごろ、関東軍総司令部のある満州国都新京にも数機が襲来した。大本営や関東軍の希望的観測を裏切って、ついに来るべきものが来たのである。

九日、十日とソ連軍はほとんど全戦線にわたって進攻した。極東軍司令官ワシレフスキー元帥総指揮のもとに、メレツコフ元帥の率いる第一戦線軍は東満と北鮮に、ブルカーエフ大将の率いる第二戦線軍は北部正面に、マリノフスキー元帥の率いる第三戦線軍は西部国境方面に怒濤《どとう》のようにおしよせた。勝敗の行方は、はじめから明らかであった。だからくだくだしくそれを述べる必要はあるまい。

関東軍は八月十日の朝、隷下部隊に全面作戦実施を命令したが、大本営はようやく、同じ日にそれを決意することができた。ソ連がいちはやく対日宣戦を布告しているのに、大本営は同じ処置にふみきることがどうしてもできなかった。軍用直通電話を通じて知られる大本営の気配は、ただ狼狽《ろうばい》の一語につきた。そしてやがて関東軍にもたらされた大本営命令は、「帝国全般の戦況上、朝鮮は最後の一線として絶対的に保衛するを要するも、満州全土は前進陣地として止むを得ざれば、又之を放棄するも可なり」ということをつたえた。今までの東辺道保衛計画から一歩後退して、朝鮮保衛計画に切りかえられたのである。

八月十二日以後、関東軍総司令部は新京から通化に移動を開始し、これと同時に満州国政府機関も同地に移った。総司令部移動の理由は、大本営命令にもかかわらず、あくまでも東辺道保衛を目的とした関東軍が、新京付近の意外に早く第一線となる危険を認め、また空襲の激化も予想されたから、というのだった。だが国策にそって満州に移住した日本人や、「王道楽土」の満州国人に対して、それらしい保護も行なわずに総司令部が通化に後退したのは、あまりにも作戦重点主義に徹して、政治を忘れた態度だった。だからこの行動が、「総司令部は逃げた、隠れた」と批判されたのもやむをえなかった。

また、十日ごろ戦局の極端な悪化とともに、関東軍は居留民関係の参謀の配慮で居留民を置きざりにして、いちはやく軍の家族を安全地帯に移してしまった。この処置には関東軍内部にも批判の声があったが、どう弁明しても弁明しきれない、関東軍が最後に残した大きな汚点であった。

十一日から十三日にかけて、優勢なソ連軍と関東軍部隊との間には、激闘と乱戦が行なわれた。陣地守備隊の死闘全滅や、次々におしよせる戦車の下敷きとなり、母の名を呼んで死んでいく兵士はあとをたたなかった。阿南惟幾《あなみこれちか》陸相が全軍に与えた「ソ連遂《つい》に皇国に寇《あだ》す。名分いかに粉飾すと雖《いえど》も大東亜を侵略制覇せんとする野望歴然たり。断乎《だんこ》神州護持の聖戦を戦い抜かんのみ……」という訓示が、むなしい姿を総司令部の電報板の上にとどめていた。

総司令部は十四日の午後、満州通信社からの連絡により、終戦の気配があることを知った。さらに新京に残留していた第二課（情報担当）の一参謀から、「東京に重大問題があるらしく、ぜひ総司令官は新京に帰還されたい」という電話連絡があった。そこで山田総司令官は幕僚を率いてその日の夕刻通化から新京に帰った。その日の夜もふけて、大本営から「明十五日重大放送あり、謹聴あれ」という電報があり、翌十五日に終戦の玉音放送を聞いた。

十五日の夜半、関東軍総司令部は、その運命を決する歴史的な会議を開いた。総司令官山田乙三大将、総参謀長秦彦三郎《はたひこさぶろう》中将以下、幕僚の大部分が作戦室に集まり、草地貞吾《ちていご》参謀の司会で、この事態に軍がどう対処すべきかを論じた。徹底抗戦、作戦を継続しながらさらに有利な条件で停戦、即時停戦の三案が出され、甲論乙駁《こうろんおつばく》となって、容易に収拾がつきそうになかった。

最後に、秦総参謀長が立って「われら軍人として陛下の命令に従う以外に忠節の道は考えられない。これに従わない者は永久に乱臣賊子である。あくまで抗戦を主張する者は、宜しくわれ等の首を刎《は》ねて、然《しか》る後に行け」と、涙を流しつつ、声もとだえがちにいった。一座は静まりかえり、ただ嗚咽の声だけがそこにあった。つづいて山田総司令官が「聖旨奉戴」、終戦に全力をつくすのみ、という裁断をくだして、会議を閉じた。

こうして、日露戦争以来四十年にわたり、軍国日本の〝尖兵〟として独走をくりかえした関東軍も、昭和二十年八月十五日夜半に、ついにその歴史の幕を閉じたのである。「即時戦闘行動を中止すべし」という大本営命令があったのは、翌十六日のことだった。

同時に傀儡《かいらい》国家満州国も解体し、皇帝溥儀《ふぎ》は八月十六日、日本にむかおうとして奉天飛行場に着いたところをソ連軍に捕えられ、ソ連に送られ、抑留された。

十七日、竹田宮《たけだのみや》が天皇の使として満州に飛び、関東軍に終戦の善処を勧告し訓諭した。その後関東軍総司令部は、全軍の武装解除にとりかかったが、その間には、通化にいた第百二十五師団参謀長藤田実彦《さねひこ》大佐が武装解除を嫌って、いくらかの同志や兵をつれて行方不明になった事件をはじめとして、いろいろな混乱が発生した。しかし八月末には、ほぼ全軍の武装解除を終った。

解説

戸部良一

旧陸軍の今村均大将は昭和の「聖将」として知られる。大東亜戦争時に第十六軍司令官としてジャワの軍政を担当し、現地住民に配慮した穏やかな統治を行った。第八方面軍司令官としてラバウルで敗戦を迎えた後、オーストラリアによる戦犯裁判で有罪とされたが、一時帰国、そのまま本国で刑期を務めることもできたのに、あえて南海の刑務所に戻り部下たちとともに刑に服した。釈放後は、自宅の庭の片隅に三畳一間の小屋を立て、そこで亡くなる前日まで謹慎していたという。

その今村は一九三一年の満州事変勃発時に、参謀本部の作戦課長という要職にあった。事変拡大を策して突進する関東軍を抑えることに並々ならぬ努力を傾けたが、彼の努力は実らず、やがて作戦課長のポストを追われてしまう。それからしばらく経って、今村は関東軍の参謀副長に就任する。そして彼は、陸軍中央の統制を無視して強行される関東軍の内蒙古分離工作を、参謀副長としてバックアップせざるを得なくなった。一九三七年に支那事変（日中戦争）が始まると、今村は関東軍を代表して事変拡大に等しい主張を東京の陸軍中央に訴えることになる。

在職ポストのなせるわざだとはいいながら、かつて現地軍の独走に困り抜いた今村が、今度は自ら陸軍中央の統制を逸脱するかのような行動をとったのは、何とも皮肉であった。と同時に、忘れてならないのは、今村のように良識的な軍人をすら、そうした独走に加担させてしまう独特の性格を、関東軍という軍事組織が持っていたことである。

なぜ、そのような性格がつくられたのだろうか。その理由のひとつは、本書でも再三指摘されているように、関東軍が本来「北向きの軍隊」であったことに求められよう。つまり、関東軍は、その前身である関東都督府陸軍部時代も含めて、対露（対ソ）戦略の最前線にあった。ロシア（ソ連）は日本陸軍の第一の仮想敵国であったから、関東軍は日本の国防第一線を担っているとの強烈な使命感を持っていたのである。

もうひとつの理由は、満州には租借地の関東州や満鉄（南満州鉄道）の付属地を中心として、大量の日本人居留民が住んでいたことである。在満居留民数は満州事変前の一九三〇年の時点で約二十万人（中国在留邦人の約八〇パーセント）、一九三五年には約五十万人（同約九〇パーセント）を数えている。満州は言わば戦前の日本人にとってのフロンティアであった。そして関東軍は、このフロンティアに住まう日本人居留民と、彼らの生活を支える日本の権益とを保護するという任務も併せ持っていたのである。しかも、そうした在満権益は日露戦争の尊い犠牲によって贖《あがな》われたものだという観念が、関東軍の使命感や任務意識を一層強めた。

このような性格を有する関東軍は、本書で詳述されているように、日露戦争以後の日本の対外行動に、多くの局面で重大な影響を及ぼした。ときには日本の運命を変えた、と言ってもよい。だが、この関東軍の全体像を、その誕生から終焉までトータルにとらえた信頼すべき著作は、本書が上梓されるまで、事実上なかったのである。

むろん、関東軍を扱った研究がなかったというわけではない。日本の歩むべき道を誤らせたいくつかの事件と、それに介在した関東軍の役割は、敗戦以後、多くの研究によって取り上げられてきた。例えば、満蒙独立運動、満州某重大事件（張作霖爆殺事件）、満州事変、ノモンハン事件、関特演、日ソ戦争などでの関東軍の行動が、それなりに研究されてきたことは言うまでもない。しかし、いずれの研究も個別的事件を対象としたものにとどまっていた。関東軍の視点から諸事件を通時的に考察し、それらの諸事件から浮かび上がってくる関東軍の全体像をとらえようとした研究は、一九六五年に中公新書として出版された本書が初めてであった。

著者の島田俊彦氏は、一九三四年に東京帝国大学文学部国史学科を卒業し、一時、聖心女子高等専門学校で教鞭をとった後、一九四二年に海軍の軍令部嘱託となり、戦史編纂に従事した。戦後は、武蔵高等学校の教授を務めた後、武蔵大学教授となり、日本近現代の外交史・軍事史研究者として、地道かつ堅実な研究成果を挙げた。研究者の間で島田氏が高く評価されているのは、その優れた研究実績もさることながら、彼が保存していた史料のためでもある。大東亜戦争中に島田氏は海軍の戦史編纂にあたっていたが、日本が降伏したとき、焼却処分を命じられた軍令部保管の対中国外交・軍事関連文書を、あまりにも重要な歴史資料であるとして、焼かずに隠し持っていてくれたのである。現在、東京大学社会科学研究所が所蔵し「島田俊彦文書」として知られるこの史料のなかには、原本がすでに失われ、外務省外交史料館や防衛庁防衛研究所戦史部にも残っていない文書が数多く含まれている。満州事変以降の対中国関係については、最も根本的な文書史料コレクションと言えよう。

一九五〇年代末、島田氏は、日本国際政治学会に組織された太平洋戦争原因研究部の一員となり、その研究成果として出版された『太平洋戦争への道』（全七巻、朝日新聞社、一九六三年）のなかに論考を発表するとともに、その別巻・資料編の編集も担当した。次いで、みすず書房から刊行された『現代史資料』シリーズでは、『満州事変』（一九六四年刊）、『日中戦争1』（同）、『続満州事変』（一九六五年刊）の編集・解説を担当した。関係史料についての深い造詣と研究の蓄積が、これらに存分に生かされたことは言うまでもない。本書は、おそらく、これらの仕事を終えた直後に執筆されたものだろう。年齢的にも、学問的にも、円熟期に入ったときの著作と見ることができる。なお、島田氏には、本書のほかに、『満州事変』（人物往来社「近代の戦争」第四巻、一九六六年）や『昭和の激流』（講談社「日本歴史全集」第十七巻、一九七〇年）などの著書がある。また、武蔵大学には島田氏の蔵書が寄贈されている。

本書が刊行された一九六〇年代半ばは、日本の近現代史に関する書物が相次いで出版された時期である。終戦二十周年を迎え、さらに明治維新百周年を間近に控えていた当時、日本人の間には、自らの越し方をあらためて振り返ってみようという動きが見られた。本書もそうした雰囲気のなかで執筆された。筆の運びからすると、おそらく一気に執筆されたのではないかと思われる。そして島田氏は、前述したような史料への造詣と研究の蓄積を、本書のなかに注ぎ込んだ。

その頃ようやく、それまで歴史学界を風靡していた唯物史観の呪縛から離れ、また過去を一方的に断罪しようとする立場からも一定の距離を置き、あくまで史実に基づいた実証的な歴史研究を目指す動きが光を浴び始めたが、本書もそうした新しい研究動向を代表する著作のひとつであった。もちろん、だからといって、本書が過去を賛美し、弁明しようとしているわけではない。戦前に島田氏が大学に入学したあたりから、日本は首を傾げざるを得ない選択を重ねるようになったが、島田氏はそうした時代を生きたひとりとして、選択の誤りの責任を追及するのではなく、史料に即して、その誤りの原因を解明するという研究姿勢を貫いたように見受けられる。

その後、当然ながら、本書で扱われた事件や問題についての個別的な研究は進んだ。張作霖爆殺事件についても、あるいは満州事変についても、新事実が発掘され(例えば、満州事変勃発の引き金となった満鉄列車爆破地点の地名は柳条溝ではなく柳条湖と訂正された)、島田氏が執筆した時点では利用できなかった史料が使えるようになった。ノモンハン事件や終戦直前の日ソ戦争については、冷戦の終焉後、ロシア側の史料が徐々に公開され、史実の見直しもなされつつある。したがって、島田氏が存命であれば、書き直したいと思う箇所も部分的にはあるかもしれない。また、本書が関東軍を対象としながら、関東軍の軍事組織としての特性、例えば編制、人事、練度、装備や、満州国統治への関わりなどを必ずしも十分には扱っていないことも指摘しておくべきだろう。

しかし、にもかかわらず本書は、関東軍の目を通して見た日中関係史、対満政策史を、厖大な史料に裏付けられながら、簡明に、しかもバランスよく描いた基本的な文献としての価値をいささかも失ってはいない。関東軍に関連した問題に興味関心をいだく人にとって、まず最初に読むべき本は、本書である。

（防衛大学校教授）

KODANSHA

本書の原本は、一九六五年十月、中央公論社より刊行された。なお、明らかに間違いと思われる箇所や現在では用いられない表記については、適宜訂正し、原本にはないルビを付した箇所もある。

島田俊彦（しまだ　としひこ）

1908～1975。東京生まれ。東京大学文学部国史学科卒業。元武蔵大学教授。専攻は現代日中関係史。著書に『満州事変』『昭和の激流』,『太平洋戦争への道』（共著）『現代史資料』（共編）などがある。

講談社学術文庫

定価はカバーに表示してあります。

関東軍《かんとうぐん》　在満陸軍《ざいまんりくぐん》の独走《どくそう》

島田俊彦《しまだとしひこ》

2005年6月10日　第1刷発行
2022年4月26日　第15刷発行

発行者　鈴木章一
発行所　株式会社講談社
東京都文京区音羽2-12-21 〒112-8001
電話　編集（03）5395-3512
販売（03）5395-4415
業務（03）5395-3615

装　幀　蟹江征治
印　刷　株式会社ＫＰＳプロダクツ
製　本　株式会社国宝社
本文データ制作　講談社デジタル製作

© Kunihiko Shimada　2005　Printed in Japan

落丁本・乱丁本は，購入書店名を明記のうえ，小社業務宛にお送りください。送料小社負担にてお取替えします。なお，この本についてのお問い合わせは「学術文庫」宛にお願いいたします。
本書のコピー，スキャン，デジタル化等の無断複製は著作権法上での例外を除き禁じられています。本書を代行業者等の第三者に依頼してスキャンやデジタル化することはたとえ個人や家庭内の利用でも著作権法違反です。Ⓡ〈日本複製権センター委託出版物〉

ISBN4-06-159714-0

「講談社学術文庫」の刊行に当たって

これは、学術をポケットに入れることをモットーとして生まれた文庫である。学術は少年の心を養い、成年の心を満たす。その学術がポケットにはいる形で、万人のものになることは、生涯教育をうたう現代の理想である。

こうした考え方は、学術を巨大な城のように見る世間の常識に反するかもしれない。また、一部の人たちからは、学術の権威をおとすものと非難されるかもしれない。しかし、それはいずれも学術の新しい在り方を解しないものといわざるをえない。

学術は、まず魔術への挑戦から始まった。やがて、いわゆる常識をつぎつぎに改めていった。学術の権威は、幾百年、幾千年にわたる、苦しい戦いの成果である。こうしてきずきあげられた城が、一見して近づきがたいものにうつるのは、そのためである。しかし、学術の権威を、その形の上だけで判断してはならない。その生成のあとをかえりみれば、その根は常に人々の生活の中にあった。学術が大きな力たりうるのはそのためであって、生活をはなれた学術は、どこにもない。

開かれた社会といわれる現代にとって、これはまったく自明である。生活と学術との間に、もし距離があるとすれば、何をおいてもこれを埋めねばならない。もしこの距離が形の上の迷信からきているとすれば、その迷信をうち破らねばならぬ。

学術文庫は、内外の迷信を打破し、学術のために新しい天地をひらく意図をもって生まれた。文庫という小さい形と、学術という壮大な城とが、完全に両立するためには、なおいくらかの時を必要とするであろう。しかし、学術をポケットにした社会が、人間の生活にとってより豊かな社会であることは、たしかである。そうした社会の実現のために、文庫の世界に新しいジャンルを加えることができれば幸いである。

一九七六年六月　　野間省一

相楽総三とその同志
長谷川　伸著（解説・野口武彦）

歴史は多くの血と涙、怨みによって成り立っている。薩長に「偽官軍」の汚名を着せられて刑死した相楽総三率いる赤報隊。彼ら「草莽の志士」の生死を丹念に追うことで、大衆文学の父は「筆の香華」を手向けた。

2280

侍従長の回想
藤田尚徳著（解説・保阪正康）

敗戦必至の状況に懊悩する昭和天皇。終戦の決断に至るまでに何があったのか。玉音放送、マッカーサーとの会見、そして退位論をめぐって示した君主としての姿勢とは。激動期に側近に侍した著者の稀有の証言。

2284

伊藤博文　近代日本を創った男
伊藤之雄著

討幕運動、条約改正、憲法制定、そして韓国統治と暗殺。近代国家を創設した最大の功労者の波乱の生涯と、「剛凌強直《ごうりょうきょうちょく》」たる真の姿を描き切る。従来の「悪役イメージ」を覆し、その人物像を一新させた話題の書。

2286

満鉄調査部
小林英夫著

戦時経済調査、満蒙・ソ連研究、華北分離政策などの活動実態から、関東憲兵隊との衝突、戦後日本の経済成長やアジア研究への貢献まで。満洲から国策を先導した、「元祖シンクタンク」満鉄調査部の全貌に迫る。

2290

死産される日本語・日本人　「日本」の歴史―地政的配置
酒井直樹著

「日本語」や「日本人」は、近代に生まれたときには、古代に仮設した共同体と共にすでに死んでいた……。斬新かつ挑発的な問題提起で、刊行当初から幾多の議論を巻き起こした話題の書に新稿を加えた決定版。

2297

日本古代貨幣の創出　無文銀銭・富本銭・和同銭
今村啓爾著

日本最古の貨幣とはなにか？　無文銀銭→富本銭→和同銀銭→和同銅銭……。謎が謎を呼ぶ古代日本貨幣史に考古学と文献学の知見を総動員して挑む。律令国家による銅銭導入の意図と背景を解明する画期的著作！

2298

日本の歴史・地理

富士山の自然史
貝塚爽平著
三つのプレートが出会う場所に、日本一の名峰は、そびえ立っている。日本・東京の地形の成り立ちと風景と足下に隠された自然史の読み方を平易に解説する。ロングセラー『東京の自然史』の入門・姉妹編登場。
2212

幻の東京オリンピック 1940年大会 招致から返上まで
橋本一夫著
関東大震災からの復興をアピールし、ヒトラーやムソリーニとの取引で招致に成功しながら、日中戦争勃発で返上を余儀なくされた一九四〇年の東京オリンピック。戦争と政治に翻弄された人々の苦闘と悲劇を描く。
2213

鎌倉と京 武家政権と庶民世界
五味文彦著
中世とは地方武士と都市庶民の時代だった。武家政権の誕生前夜から鎌倉幕府の終焉にかけての、生活の場とその場での営為を通して、自我がめざめた「個」の時代の相貌を探究。中世日本の実像が鮮やかに甦る。
2214

江戸幕府崩壊 孝明天皇と「一会桑」
家近良樹著
薩長を中心とする反幕府勢力が武力で倒幕を果たしたという常識は本当か。王政復古というクーデタ方式が採られた理由とは？　孝明天皇、一橋、会津、桑名藩という知られざる主役に光を当てた画期的な幕末史！
2221

全線開通版　線路のない時刻表
宮脇俊三著
完成間近になって建設中止となった幻のローカル新線。その沿線を辿る紀行と、著者作成による架空の時刻表を収録した。第三セクターによる開業後の実乗記を加えた、全線開通版。付録として、著者の年譜も収録。
2225

すし物語
宮尾しげを著
大陸から伝来した馴れ鮓は押しずしを経て、江戸期に一夜ずし、にぎりずしとなる。すしの歴史から江戸・明治の名店案内、米・魚・のりなどの材料の蘊蓄、全国各地のすし文化まで、江戸文化研究家が案内する。
2234

《講談社学術文庫　既刊より》

外国の歴史・地理

オランダ東インド会社

永積《ながづみ》　昭《あきら》著（解説・弘末雅士）

東インド貿易の勝利者、二百年間の栄枯盛衰。香料貿易を制し、胡椒・コーヒー等の商業用作物栽培に進出して成功を収めたオランダ東インド会社は、なぜ滅亡したか？　インドネシア史を背景にその興亡を描く。

1454

大清帝国

増井経夫著（解説・山根幸夫）

最後の中華王朝、栄華と落日の二百七十年。政治・経済・文化等、あらゆる面で中国四千年の伝統が集大成された時代・清。満州族による建国から崩壊までを描き、そこに生きた民衆の姿に近代中国の萌芽を読む。

1526

酒池肉林　中国の贅沢三昧

井波律子著

中国の尨大な富が大奢侈となって降り注ぐ。甍を競う巨大建築、後宮三千の美女から、美食と奇食、大量殺人、麻薬の海、そして精神の蕩尽まで。四千年をいろどる贅沢三昧の中に、もうひとつの中国史を読む。

1579

魏晋南北朝

川勝義雄著（解説・氣賀澤保規）

〈華やかな暗黒時代〉に中国文明は咲き誇る。秦漢帝国の崩壊がもたらした混乱と分裂の四百年。専制君主なき群雄割拠の時代に、王羲之、陶淵明、『文選』等を生み出した中国文明の一貫性と強靱性の秘密に迫る。

1595

古代ギリシアの歴史　ポリスの興隆と衰退

伊藤貞夫著

西欧文明の源流・ポリスの誕生から落日まで。先史文明から諸王国の崩壊を経て民主政を確立した都市国家。ペルシア戦争に勝利し黄金期を迎えたポリスがなぜ衰退したか。栄光と落日の原因を解明する力作。

1665

古代インド

中村　元著

モヘンジョ・ダロの高度な都市計画から華麗なグプタ文化まで。苛酷な風土と東西文化の混淆が古代文明を育んだ。古代インドの生活と思想と、そこに展開された原始仏教の誕生と変遷を、仏教学の泰斗が活写する。

1674

外国の歴史・地理

ヴェネツィア 東西ヨーロッパのかなめ　1081～1797
ウィリアム・H・マクニール著／清水廣一郎訳

ベストセラー『世界史』の著者のもうひとつの代表作。十字軍の時代からナポレオンによる崩壊まで、軍事・造船・行政の技術や商業資本の蓄積に着目し、地中海最強の都市国家の盛衰と、文化の相互作用を描き出す。

2192

イザベラ・バード 旅に生きた英国婦人
パット・バー著／小野崎晶裕訳

日本、チベット、ペルシア、モロッコ……。外国人が足を運ばなかった未開の奥地まで旅した十九世紀後半の最も著名なイギリス人女性旅行家。その幼少期から異国での苦闘、晩婚後の報われぬ日々まで激動の生涯。

2200

ローマ五賢帝 「輝ける世紀」の虚像と実像
南川高志著

賢帝ハドリアヌスは、同時代の人々には恐るべき「暴君」だった！「人類が最も幸福だった」とされるローマ帝国最盛期は、激しい権力抗争の時代でもあった。平和と安定の陰に隠された暗闘を史料から解き明かす。

2215

イギリス　繁栄のあとさき
川北　稔著

今日英国から学ぶべきは、衰退の中身である――。産業革命を支えたカリブ海の砂糖プランテーション。資本主義を担ったジェントルマンの非合理性……。世界システム論を日本に紹介した碩学が解く大英帝国史。

2224

愛欲のローマ史 変貌する社会の底流
本村凌二著

カエサルは妻に愛をささやいたか？　古代ローマ人の愛と性のかたちを描き、その内なる心性と歴史の深層をとらえる社会史の試み。性愛と家族をめぐる意識の変化は、やがてキリスト教大発展の土壌を築いていく。

2235

古代エジプト 失われた世界の解読
笈川博一著

二七〇〇年余り、三十一王朝の歴史を繙く。ヒエログリフ（神聖文字）などの古代文字を読み解き、『死者の書』から行政文書まで、資料を駆使して、宗教、死生観、言語と文字、文化を概観する。概説書の決定版！

2255